決定版!

すべての人におくる
ボディパーカッション
BEST

山田俊之

〔本書の特徴〕
・音符が読めなくてもできる!!
・楽譜を一切使用していません。

目次 Contents

はじめに ———————————————————— 4

第1章　2パート、3パートからできるボディパーカッション

　　　　　　　　　　　　　　　　　　　　　　イラスト譜　解説
1　ピーチク・パーチク・ポンポコリン ———————— 7　　6
2　足踏み太鼓遊び ————————————————— 9　　8
3　Let's ボディパーカッション ——————————— 12　 10
4　和太鼓・足踏みドンドコドン ——————————— 14　 11
5　トライアングル・カノン ————————————— 17　 16
6　ソレソレ・ヨッシャヨッシャ・どっこいしょ ———— 19　 18
7　手拍子カノン —————————————————— 22　 20
8　みんなでグー・チョキ・パー ——————————— 24　 21
9　モグラ・ストンプ ———————————————— 28　 26
10　心合わせて手拍子タタ・タン ——————————— 30　 27
11　ボディパ DE 阿波踊り —————————————— 33　 32
12　みんなのおしゃべり ——————————————— 36　 34
13　手拍子の花束 —————————————————— 38　 35

コラム　少人数で距離が縮まる ———————————————— 40

第2章　4パート、5パートでひろがるボディパーカッション

		イラスト譜	解説
1	アフリカン・ボイス	43	42
2	コスミック・ドラム	46	44
3	ボディパ「ロック」	48	45
4	スター・ウォーク／スター・ジョグ／スター・ラン	52	50
5	ケチャ風お茶づけ	54	51
6	花火	56	58

コラム　大勢でやる楽しさ、みんなでひとつに ─────── 59

おわりに ─────────────────────── 60

ボディパーカッション教育の主なあゆみ ──────── 61
関連書籍＆ソフト ───────────────── 63

＊一般的な楽譜は、こちらに掲載されています。
体がすべて楽器です！ 楽しいボディパーカッション 1 リズムで遊ぼう
『手拍子の花束』『花火』
体がすべて楽器です！ 楽しいボディパーカッション 2 山ちゃんのリズムスクール
『みんなのおしゃべり』『スター・ウォーク／スター・ジョグ／スター・ラン』
体がすべて楽器です！ 楽しいボディパーカッション 3 リズムで発表会
『ボディパ「ロック」』
体がすべて楽器です！ ザ・ボディパーカッション ほかほかパン屋さん
『トライアングル・カノン』『ソレソレ・ヨッシャヨッシャ・どっこいしょ』
体がすべて楽器です！ ザ・ボディパーカッション ケチャ風お茶づけ
『ピーチク・パーチク・ポンポコリン』『Let's ボディパーカッション』『和太鼓・足踏みドンドコドン』『手拍子カノン』『みんなでグー・チョキ・パー』『モグラ・ストンプ』『ケチャ風お茶づけ』
体がすべて楽器です！ ザ・ボディパーカッション B級グルメパーティ
『心合わせて手拍子タタ・タン』『ボディパ DE 阿波踊り』『アフリカン・ボイス』『コスミック・ドラム』

はじめに

　早いもので『ボディパーカッション入門』（2001、音楽之友社）を出版させていただいてから10数年が過ぎようとしています。そして、ボディパーカッション教育が誕生（1986年）したのはさらに10年以上前のことです。

　ボディパーカッション教育活動は発達障害と思われる小学4年生の男子（A男）がきっかけで誕生しました。A男はクラス担任を引き継いだ当初、いわゆる問題児童として扱われていました。担任としてその子がクラスの仲間と一緒に学習やグループ活動ができるようにすることが、当時の私にとって大きな課題でした。そんな時、A男が給食準備の時間に、音楽に合わせて楽しそうに手拍子を打っている姿をみて思いついたのが、ボディパーカッション活動のきっかけです。A男は、楽譜が読めず楽器や歌も苦手でしたが、ボディパーカッションなどのリズム身体活動を通してクラスの友だちと楽しく交流できたことで、所属感や存在感を見いだすことができ、落ち着いて学習に取り組むことができるようになりました。

　クラス全体で始めた「山ちゃんの楽しいリズムスクール」は、本書でも掲載しているボディパーカッション曲『手拍子の花束』[*1]『花火』[*2]に発展していきました。そして、この2曲が、共に音楽科の教科書に掲載されたことも大きな励みとなっています。

　現在までのボディパーカッション研修会等の受講者数が、累計3万人を超えました。校種はさまざまで、小・中・高校・大学・特別支援学校の先生方をはじめ、幼児教育、音楽療法、高齢者福祉、不登校施設、学童保育所などの指導者研修にまで広まってきました。

　現在は、大学で非常勤講師として教職課程で「特別活動法」「特別支援教育・福祉教育」「音楽表現」等を担当し、次世代の教育者を育てる立場になりました。各大学で、それぞれに教科名や内容は違いますが、根幹にあるのは「児童生徒のコミュニケーション能力を高める活動」「望ましい人間関係づくり」「特別支援教育の立場に立ったインクルーシブ教育や合理的配慮」です。

　ボディパーカッション教育のようにグループで身体表現やリズム活動をすることは、短時間で協調性が生まれ所属意識が芽生えてきます。本書を、学級、学年、学校行事、音楽行事や授業等で活用していただき、各学校で児童生徒の「よりよい人間関係づくり」が育成されることを願っています。

＊1　平成24年度特別支援教育用音楽科教科書掲載曲（文部科学省編集）
＊2　平成17年度小学校3年生音楽科教科書掲載曲（教育出版）

第1章 2パート、3パートからできるボディパーカッション

ピーチク・パーチク・ポンポコリン

　この曲は、「子どもたちが森へお散歩に行き、小鳥（ひばり）とたぬきに出会って、一緒に楽しいボイスアンサンブル＆ボディパーカッションをする」というストーリーをイメージして作った曲です。

　お面を作って、演奏しながら身体表現を入れると、幼児教育（幼稚園、保育園）から小学校まで楽しく取り組めますのでどうぞご活用ください。

〈演奏指導について〉

- 全体を、「たぬき」（1パート）、「ひばり」（2パート）の2パートに分けてください。私は男の子を「たぬき」、女の子を「ひばり」にしましたが、自由に好みで分けてください。
- 最少人数は2名から、人数が少ない場合でも手軽に取り組めます。
- 「たぬき」（1パート）は、おなかをたたく動作を入れた身体表現をしながら、「ポン・ポコ・ポンポコリン」と唱えさせてください。
- 「ひばり」（2パート）は、小鳥が空を飛んでいるような動作を入れながら、「ピーチク・パーチク・ピーピーピー」と唱えさせてください。

〈指導上の留意点〉

- 「たぬき」（1パート）のほうが「ひばり」（2パート）よりも簡単です。パート分けでは、子どもたち一人ひとりの状態に応じて配慮してください。
- 演奏の途中で言葉のリズムがずれても、「心地よいエコー（こだま）効果」として、楽しく捉えてください。

| ポン | (ウン) | ポン | (ウン) |

スタート！　→

1パート	A	A	休み	休み	A
2パート	休み	休み	B	B	B

第1章 2パート、3パートからできるボディパーカッション

◆ピーチク・パーチク・ポンポコリン　山田俊之　作曲

①演奏者は、2パートに分かれます。カタカナで書いてあるとおり唱え、声でリズム・アンサンブルをします。
　まずは、各パートのリズムを覚えましょう。※（ウン）は発音しません。

A：たぬき（1パート）

| ポン | （ウン） | ポン | （ウン） | ポン | ポコ | リン | （ウン） |

B：ひばり（2パート）

| ピー | チク | パー | チク | ピー | ピー | ピー | （ウン） |

C：たぬきとひばりのおしゃべり（全員）

| ピー | ピー | ピー | （ウン） | ピー | チク | パー | チク | ポン | ポコ | リン | （ウン） |

②パターンを覚えたら、パターンを組み合わせて繰り返し、つなげて演奏してみましょう！

| A | A | 休み | A | 休み | C | C | A | A | A | A |
| B | 休み | B | 休み | B | C | C | B | B | B | B |

　　　　　　　　　　　　　　　　　　➡おわり！

「ピーチク・パーチク」や「ポンポコリン」のポーズを考えたり、ひばりやたぬきのお面を作ったりして、演出を工夫してみてください。

足踏み太鼓遊び

　和太鼓演奏は、振動を感じるという点ではボディパーカッションと同じ感覚だと思っています。私自身も地元の小・中・高校や特別支援学校（聴覚・知的）で指導してきました。
　和太鼓風の演奏を体で感じるボディパーカッションをご紹介します。リズムが苦手な子どもたちから小学校高学年まで楽しめる教材ですので、演奏能力に応じてお使いください。もちろん、和太鼓で演奏されても楽しいですよ！

〈練習の方法〉
①全体を「地打ちのリズム」と「上打ちパターン①」の2パートに分けてください。
②最初に、「地打ちのリズム」を足踏みでゆっくり練習してください。
③次に「上打ちパターン①」を足踏みでゆっくり練習しましょう。
④**エンディング**を全体の8割ほどの子ができるようになるまで、全員で練習してください。
⑤図のように地打ちが先に演奏し始めたところに、「上打ちパターン①」を入れて、最後に2パート一緒にエンディングに入ってください。
⑥基本パターンができるようになったら、上打ちパターン②③④を練習し、組み合わせて演奏してください。最後に2パート一緒にエンディングに入ってください。
　パターンの使い方によって、特別支援の子どもたちにも能力別指導ができます。

〈指導上の留意点〉
●なかなか足踏みができない子どもがいる場合は、間違いを気にしないように楽しく演奏させてください。

◆足踏み太鼓遊び　　山田俊之　作曲

①パートを分けます。
　地打ちのパートは全体の3分の1、上打ちのパートは全体の3分の2の人がやります。

■地打ち：常に一定のリズムを刻み続けるパート。ずっと繰り返します。

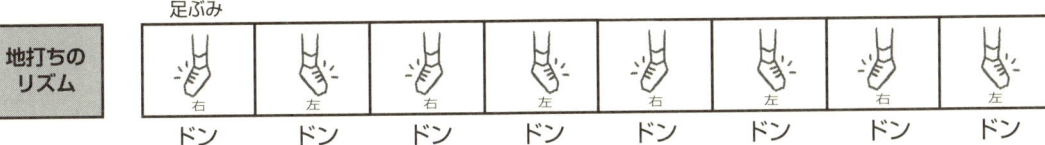

■上打ち：地打ちのリズムにのり、自由にのびのびとリズムを刻むパート。

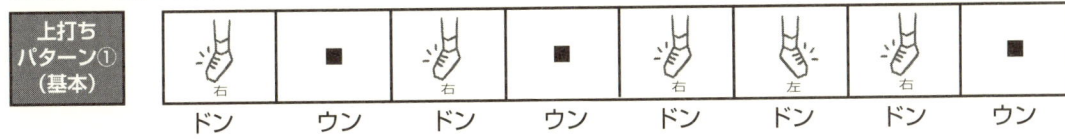

■エンディング：最後は、地打ち・上打ちのパートともに、同じリズムを演奏して終わります。

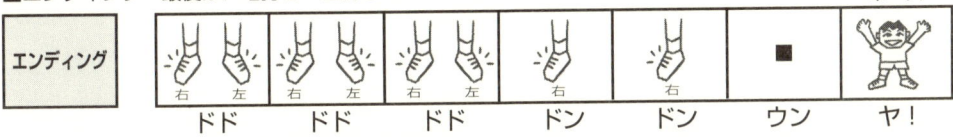

②パターンを覚えたら、パターンを組み合わせて繰り返し、つなげて演奏してみましょう！

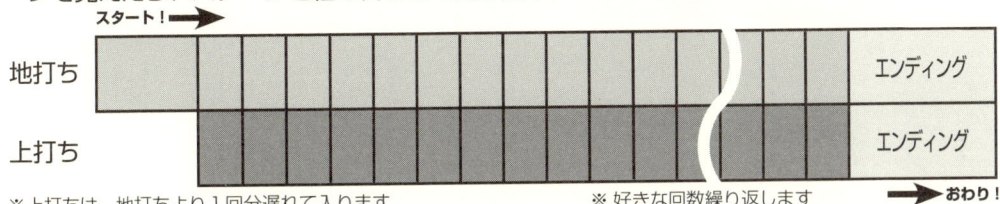

※上打ちは、地打ちより1回分遅れて入ります　　※好きな回数繰り返します

③基本のパターンに慣れたら、上打ちはいろいろなパターンを組み合わせてみましょう。
　順番は自由です。同じものを何度繰り返しても構いません。

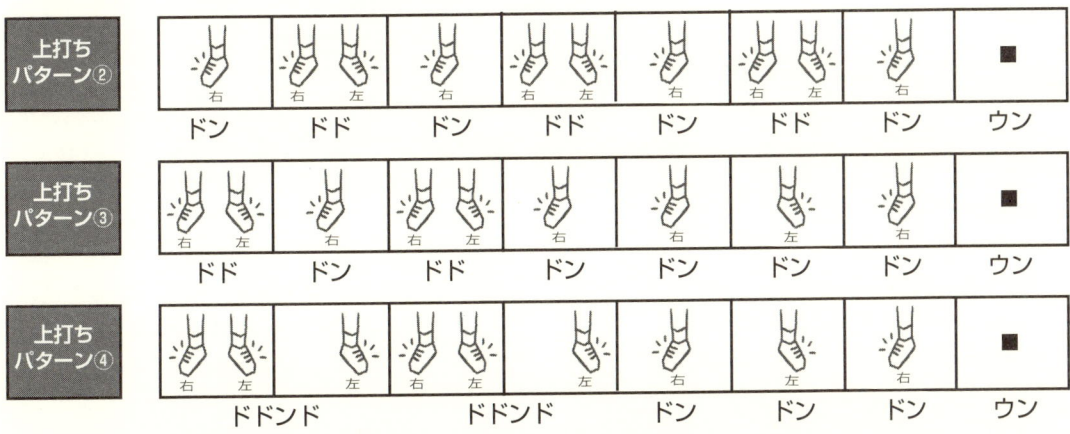

④パターンを組み合わせることに慣れたら、新しいパターンも作ってみましょう。
　（リーダー）→（全員）→（リーダー）→（全員）というように、一人のリーダーがつくった
　パターンを全員で繰り返す「コール＆レスポンス」形式にするのも楽しいですよ。
　地打ちのリズムにのって、リズム・アンサンブルを楽しみましょう！

Let's ボディパーカッション

　この曲は、『手拍子の花束』の1パートと3パートを組み合わせた曲になります。小学校の低学年から短時間で簡単に取り組めますので、ボディパーカッションの入門曲として最適です。また、特別支援の必要な子どもが一緒に楽しめる曲です。

〈練習の方法〉
①全体を半分に分けて2パートにしてください。男女は関係なく、人数で分けて結構です。
②1パートは**パターンA**を練習してください。何回も打って、感覚的にできるようになるまで練習してください。その時、指導者は「タン・ウン・タン・ウン・タン・タン・タン・ウン」と口ずさんで指導してください。
③2パートは**パターンB**と**パターンC**を練習してください。
④**パターンD・エンディング**は全員で練習してください。みんなで一緒に同じリズムを打ちますので、元気よく演奏してください。
⑤パターンを覚えたら、組み合わせて繰り返し、つなげて演奏してください。
→イラスト譜は12ページ

エピソード

ボディパでNHK交響楽団と感動の共演

　NHK交響楽団（以下N響）との共演のきっかけは、私と同じ福岡県出身でコンサートマスターの篠崎史紀氏と、打楽器やボディパーカッションを通してお話しする機会に恵まれたことからでした。

篠崎氏「『ボディパーカッション』とはどんな音楽なのですか？」

山田「身体全体を打楽器にして演奏し、さまざまな音楽と共演できます。音符を読めなくても、楽器が演奏できなくても、誰でも一緒に音楽を楽しむことができる教材です」

　さらに、「小学校はもちろん、養護学校や聾学校で子どもたちが大変喜んで取り組んでいる」ことをお伝えしました。そして実現したのが、健常児も含め聴覚障害の子どもたちとN響の共演です。

　私は、聴覚障害の子どもたちが「音楽を楽しみたい、そして音楽を通してたくさんの人々とコミュニケーションをとりたい」という思いをもっていることを感じていました。この取り組みは、まさに子どもたちのその思いを実現する場でした。

　2001年、2004年、2006年にN響との共演が実現しました。この時の最大の収穫は、ボディパーカッション教育を通して健常児と聴覚障害の子どもたちがコミュニケーションをとれたことでした。篠崎氏は「僕たちの頭の中の一番大きな壁を壊すような出来事ではないか、この音楽によって世界中の人たちと同じ時間を共有できるのではないか」とおっしゃってくださいました。

　上記の模様はNHKニュースで放送されました。下記リンクで動画をご覧ください。
https://www.youtube.com/watch?v=gW2m2tftumY&feature=youtu.be

和太鼓・足踏みドンドコドン

　この曲では、2パートに分かれて足踏みで演奏します。そして、その二つのパートが、交互にリズムアンサンブルを奏でていきます。各パートが役割を交互に入れ替えながら、主旋律の役のパートと地打ち（伴奏）のパートに分かれてアンサンブルを楽しみます。

　大人数になっても楽しめますので、学年集会や全校集会でも取り組んでみてください。また、和太鼓が使用できる学校では、和太鼓と一緒の演奏や、和太鼓だけのアンサンブルにも活用できます。

〈演奏指導について〉
●全体を2パートに分けます。
●リズムパターンを理解するために、最初は足踏みではなく、手でひざや机をたたいて練習をされることをおすすめします。
●**パターンA・A'** は基本のリズム（地打ち）ですので、できるだけ正確に足踏みができるように練習してください。左右交互に足踏みをします。
●**パターンB・C**は主旋律の役割をするリズムになります。できるだけ動作を大きくして足踏みできるように指導してください。
●**パターンC**のリズムは足踏みの回数が多いので、パターンCを演奏する2パートには、元気のよい子どもを配置されるとよいでしょう。
●**パターンD・E**は、全員で演奏するリズムです。間違いを気にせず、全員で楽しみながら練習してください。
●**パターンA・E**の、絵がだんだん大きくなっていくところは、強弱をつけてほしいところです。迫力あるクレシェンドをしてください。パターンA' は、Aと同じリズムですが、強弱が一定です。地打ちのリズムですので、あまり強くないほうがいいですね。

〈指導上の注意点〉
●パターンAで、足のリズムが左右均等にならない場合は、できる範囲で行ってください。
●足踏みの右・左に気をつけて指導してください。左右が揃うことで見た目が美しくなります。
●リズムが苦手な子どもには、1パートをすすめてください。このパートのほうが比較的気持ちよく打てると思います。
→イラスト譜は14ページ

◆Let's ボディパーカッション　　山田俊之　作曲

①まずは、それぞれのリズムパターンを覚えましょう！
　拍にのって、それぞれのパターンを演奏してみましょう。

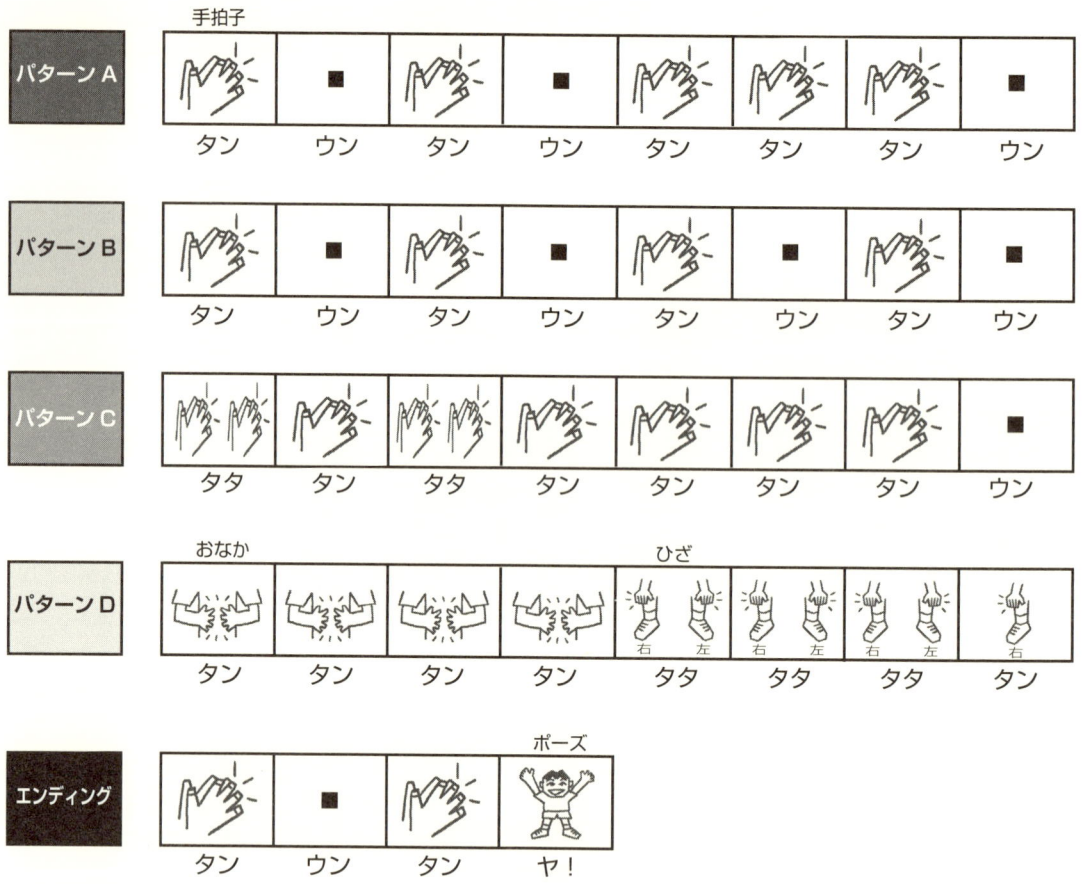

②パターンを覚えたら、パターンを組み合わせて繰り返し、つなげて演奏してみましょう！
　演奏者は、1パート・2パートに分かれます。

第1章 2パート、3パートからできるボディパーカッション

休み	休み	休み	休み	A	A	A	A	D	D	エンディング
C	C	C	C	C	C	C	C	D	D	エンディング

→おわり！

◆和太鼓・足踏みドンドコドン　山田俊之　作曲

①まずは、それぞれのリズムパターンを覚えましょう！　拍にのって、それぞれのパターンを演奏してみましょう。演奏者は、1パート・2パートに分かれます。

パターン A 全員が演奏するリズム（だんだん強くなる）

足踏み

右 左	右 左	右 左	右 左	右 左	右 左	右 左	右 左
タタ	タタ	タタ	タタ	タタ	タタ	タタ	タタ

パターン A' 全員が演奏するリズム（一定の強さで演奏する）

足踏み

右 左	右 左	右 左	右 左	右 左	右 左	右 左	右 左
タタ	タタ	タタ	タタ	タタ	タタ	タタ	タタ

パターン B 1パートの人が演奏するリズム

足踏み

右	■	左	■	右	右 左	右	■
タン	ウン	タン	ウン	タン	タタ	タン	ウン

パターン C 2パートの人が演奏するリズム

足踏み

右 左	右	右 左	右	右	右 左	右	■
タタ	タン	タタ	タン	タン	タタ	タン	ウン

パターン D 最後に全員で演奏するリズム①

足踏み

右 左	右	右 左	右	右	右 左	右	■	右	左	右 左	右
タタ	タン	タタ	タン	タン	タタ	タン	ウン	タン	タン	タタ	タン

パターン E 最後に全員で演奏するリズム②

足踏み

右 左	右 左	右 左	右 左	右 左	右 左	右 左	右 左	右 左	右 左	右 左	右 左
タタ	タタ	タタ	タタ	タタ	タタ	タタ	タタ	タタ	タタ	タタ	タタ

②パターンを覚えたら、パターンを組み合わせて繰り返し、つなげて演奏してみましょう！

スタート！→

1パート	A	A	B	B	A'	A'	B	B
2パート	A	A	A'	A'	C	C	A'	A'

第1章 2パート、3パートからできるボディパーカッション

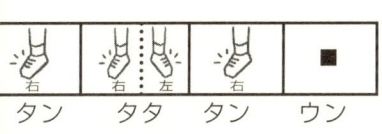

A'	A'	A	A	D	D	E
C	C	A	A	D	D	E

→ おわり！

トライアングル・カノン

　この曲は、1年生から6年生まで楽しめる、ボディパーカッション曲です。
　クラス全体で取り組むこともできます。特別支援の子どもたちも参加して、縦割り集会活動や全校集会での学年ごとの合奏で楽しんでください。
　全員が同じリズムパターンで楽しめます。2小節遅れで入る「初級編」、1小節遅れで入る「上級編」では難易度が違ってきますので、活動の状況や学年の発達段階に応じて活用してください。

〈演奏指導について〉
●全体を3パートに分けてください。
●パターンAを全員で、2回繰り返してできるように練習します。同じようにパターンB・C・Dも繰り返してできるように練習してください。
●各パターンの最後の「ターーン」では、「パーン」と声を出し、手を大きく広げて、3拍の長さの間その姿勢を保ってください。
●リズムパターンの練習ができたら、全員で合わせてみてください。2パート、3パートはそれぞれ8拍（2小節）ずつ遅れて入ります。
●エンディングでは、タイミングを揃えます。1・2パートは、3パートがパターンCを演奏し終わるまで待っていてください（休み）。全パート一緒に、パターンBに入ります。
●2小節遅れの演奏（初級編）ができるようになったら、さらに難しい1小節遅れの演奏（上級編）に挑戦してください。

〈指導上の留意点〉
●リズムが苦手な子どもや特別支援が必要な子どもと一緒に行う場合は、4小節遅れの演奏から始めるようにしてください。
●パターンA→パターンB→パターンC……とリズムが変わるので、リズムが苦手な子どもたちには、できるパターンだけを繰り返し演奏してください。
●最初のうちは低学年ほど演奏が速くなると思いますが、気にしないで演奏を続けてください。
●演奏の途中で、手拍子・ひざ打ち・足踏みのリズムがずれてもあまり気にしないでください。少しのずれは装飾音符として捉えてください。

◆トライアングル・カノン　　山田俊之　作曲

①まずは、パターンを覚えましょう！　全パートとも、下記のリズムパターンを順に演奏します。

パターンA

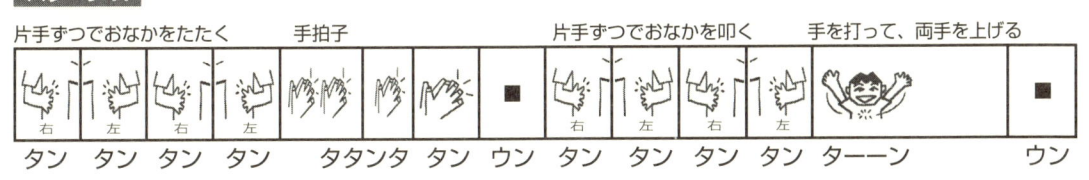

片手ずつでおなかをたたく	手拍子		片手ずつでおなかを叩く	手を打って、両手を上げる	
タン　タン　タン　タン	タタンタ　タン	ウン	タン　タン　タン　タン	ターン	ウン

パターンB

片手ずつでおなかをたたく	手拍子			手を打って、両手を上げる	
タン　タン　タン　タン	タタンタ　タン	ウン	タタ　タン　タタ　タン	ターン	ウン

パターンC

片手ずつでおなかをたたく	手拍子		足踏み	手を打って、両手を上げる	
タン　タン　タン　タン	タタンタ　タン	ウン	タタ　タタ　タタ　タン	ターン	ウン

パターンD

片手ずつでおなかをたたく	手拍子		足踏み	手を打って、両手を上げる	
タン　タン　タン　タン	タタンタ　タン	ウン	タタ　タン　タタ　タン	ターン	ウン

②3パートに分かれて、入り方を確認しましょう！　カノン形式で、1パートから順に少しずつずれて入ります。

【初級編】 2小節（8拍）ずつ遅れて入ります。1パートが「タンタンタンタンタタンタタンウン」と演奏したら、2パートが「タンタンタンタン」と入っていくタイミングです。

……全部のパートがCを演奏し終わったら　B（繰り返しなし）　D（繰り返しなし）

	A（2回繰り返す）	B（2回繰り返す）	C（2回繰り返す）			
1パート	A　A	B　B	C　C	休み	B	D
2パート	休み　A　A	B　B	C　C	休み	B	D
3パート	休み　A　A	B　B	C　C		B	D

→おわり！

【上級編】 1小節（4拍）ずつ遅れて入ります。1パートが「タンタンタンタン」と演奏したら、2パートが「タンタンタンタン」と入っていくタイミングです。

……全部のパートがCを演奏し終わったら　B（繰り返しなし）　D（繰り返しなし）

	A（2回繰り返す）	B（2回繰り返す）	C（2回繰り返す）			
1パート	A　A　A	B　B	C　C	休み	B	D
2パート	休み　A　A	B　B	C　C	休み	B	D
3パート	休み　A　A	B　B	C　C		B	D

→おわり！

ソレソレ・ヨッシャヨッシャ・どっこいしょ

　この曲では、足踏みと手拍子、言葉（かけ声）で演奏を行います。簡単なリズムアンサンブルですが、足踏みが入ると躍動的な曲に変身します。特別支援の子どもたちも一緒にお楽しみください。

〈練習の方法〉
●全体を３パートに分けます。
●各リズムパターンは２小節（８拍）単位となります。
●**パターンＡ**（１パート）は、前半に足踏みが入ります。しっかりした音でテンポを全体に伝えるように行ってください。最後に元気よく、「ソレッ！」とかけ声をかけてください。
●**パターンＢ**（２パート）は、後半に足踏みが入ります。１パートと対照的なイメージになりますので、動きが楽しめます。最後に元気よく、「ヨッシャ！」とかけ声をかけてください。
●**パターンＣ**（３パート）は、前半に細かい足踏みが入ります。１パートのリズムの裏拍になり、大変躍動的なリズムになります。最後に元気よく、「ドッコイ！」とかけ声をかけてください。
●エンディングは全員で手拍子を打ちながら、「ソレッ！」「ヨッシャ！」「ドッコイ！」と４回ずつ連呼します。最後は足踏みと手拍子の組み合わせです。最後の手拍子は、一緒に「ヤッ！」とかけ声を出してもかっこいいです。
●上手にできるようになったら、発展編にもぜひチャレンジしてください。

〈指導上の留意点〉
●低学年やリズムが苦手な子どもたちの場合は足踏みが難しいので、最初は全部手拍子で行ったほうがスムーズにできると思います。
●足踏みが難しい子どもたちは、確実にできる子どもと一緒に１パートに入れるように調整してみてください。

●パターンＢの足踏みは、できるだけ速くならないように、また全員揃うように指導してください。
●パターンＣのリズムは、飛び跳ねるような感じで軽やかにできるように指導してください。このパートが、躍動感のある演奏になるかどうかの決め手になります。

第1章 2パート、3パートからできるボディパーカッション

◆ソレソレ・ヨッシャヨッシャ・どっこいしょ　山田俊之　作曲

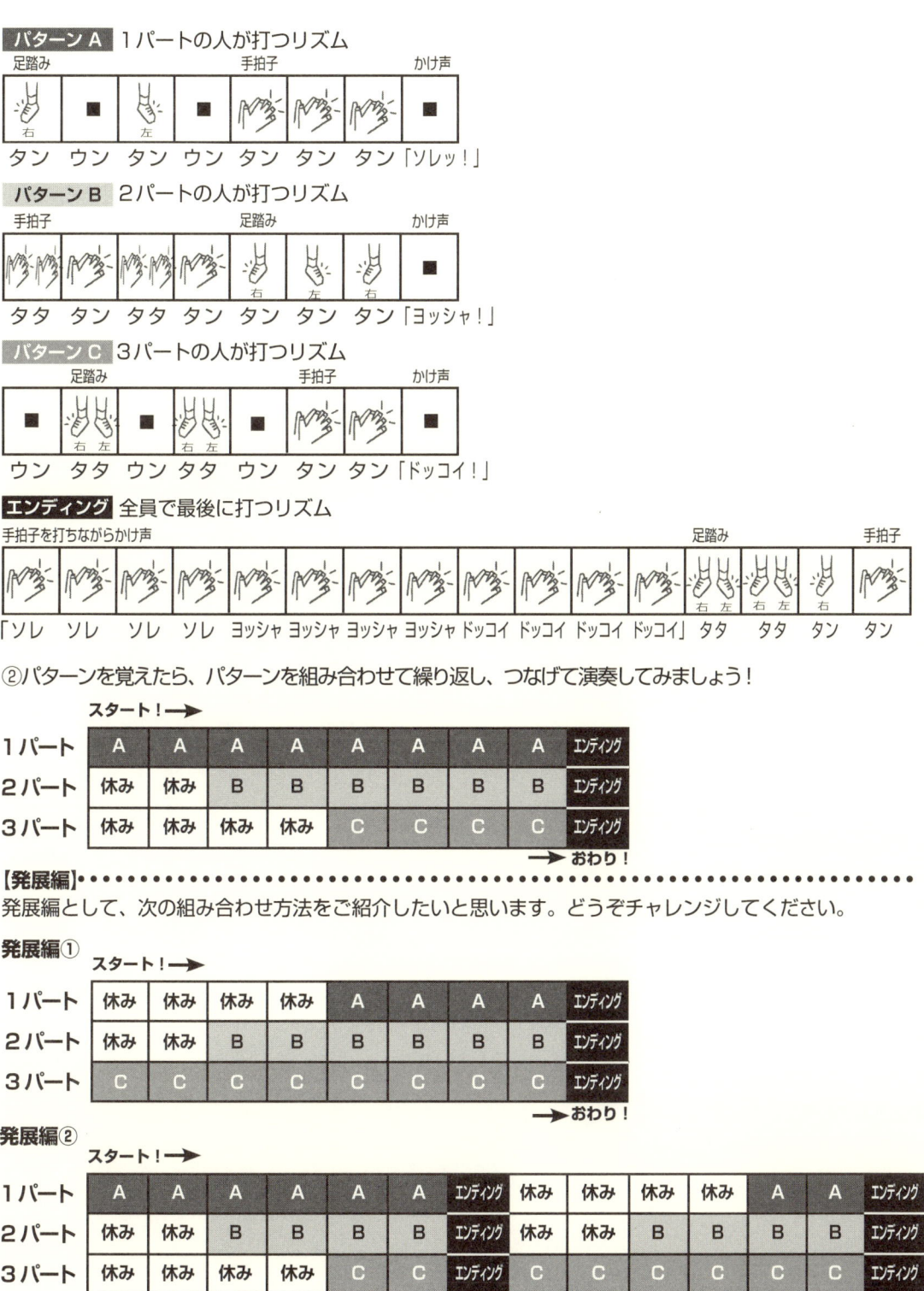

手拍子カノン

　手拍子の楽しい曲をご紹介します。低学年から楽しめる曲です。4小節のリズムパターンを繰り返しますので、リズムが苦手な子どもたちにとっても参加しやすいと思います。
　エンディングは足踏みとジャンプの組み合わせです。決まったらカッコイイですよ。

〈演奏指導について〉

●全体を3パートに分けてください。
●最初に、全員でパターンAのリズムを繰り返しできるように練習してください。
●リズムが苦手な子どもたちも同じように練習してください。このとき、リズムがうまく合わなくても、手拍子・おなか・ひざなどが楽しく打てていればOKです。
●パターンAができるようになったら、繰り返して演奏する練習をしてください。1パートから順に、2パート、3パートと4拍（1小節）ずつずれて入ります。
パターンAは3回繰り返します。
●最後に、パターンBを練習してください。5小節のパターンで足踏みが入りますので、リズムを揃えることが難しいかもしれません。音がずれても、楽しんで参加していればOKです。
●パターンBの最後は両足でジャンプするので、できるだけ揃うように練習してください。

〈指導上の留意点〉

●リズムが苦手な子どもたちが参加する場合、できるところから指導をお願いします。
●最後のキメは、ジャンプして着地したタイミングになりますので、ジャンプのタイミングではなく、着地のタイミングをできるだけ合わせるようにしてください。
→イラスト譜は22ページ

第1章 2パート、3パートからできるボディパーカッション

みんなでグー・チョキ・パー

　リズムにのって言葉を重ねる、「ボイス・アンサンブル」の曲です。ボディパーカッションを楽しんでいる子どもたちの中には、「楽器の演奏は苦手でも音楽は大好き」という子もいます。また、同じように、歌うことが苦手で歌をすすんで歌わない子どもや、思わず音程が外れてしまう子ども（難聴の子ども含む）の中にも、「自分の声で表現することは大好き」という子がたくさんいます。

　そこで、歌が苦手な子どもたちも大きな声を出して、「グー」「チョキ」「パー」の言葉でアンサンブルを楽しんでください。言葉が重なってくると、インドネシアの「ケチャ」の雰囲気があり、高学年の音楽の授業でも楽しめます。

　この曲は、ボディパーカッション入門曲『手拍子の花束』のリズムを応用しています。1年生から6年生まで誰でも楽しむことができるボイス・アンサンブル曲として演奏することができます。

　全校児童が参加する集会でも楽しめます。また、「じゃんけんゲーム」として、学級レクリエーションや授業参観、「親子のふれあい活動」など幅広くご活用ください。

〈演奏指導について〉
●演奏者を3パートに分けてください。各パート何人でもOKです。
●前半は「グー」のパートから始めてください。
●「最初はグー、じゃんけんぽん」は、演奏せずじゃんけんだけに参加する人も、全員で言ってください。
●後半は「パー」のパートから始めてください。
●「グー」「チョキ」「パー」のパートの人は、それぞれの手の形をして、簡単な動作をつけてください。楽しく演出できますよ。

〈指導上の留意点〉
●リズムが苦手な子どもたちも一緒に楽しんでくださ

い。楽しく活動できる範囲で指導をお願いします。
●演奏の途中で、言葉のリズムがずれてもあまり気にしないでください。少しのずれはエコー効果としてポジティブに（笑）捉えてください。
→イラスト譜は24ページ

楽しさUP！
授業活用例

【音楽科、特別活動】
班やグループに分かれて音楽会＆じゃんけん大会。学期末クラスでのお楽しみ会。
【総合的な学習】
勝ったほうがもらえるカードを作って、授業参観、祖父母学級、地域とのふれあい活動で行う。
【学校行事、特別活動】
大きく描いた「グー」「チョキ」「パー」のじゃんけんパネルを使って全校集会、全校音楽集会などで行う。

◆手拍子カノン　　山田俊之　作曲

①まずは、パターンを覚えましょう！　全パートとも、下記のリズムパターンを順に演奏します。

パターンA

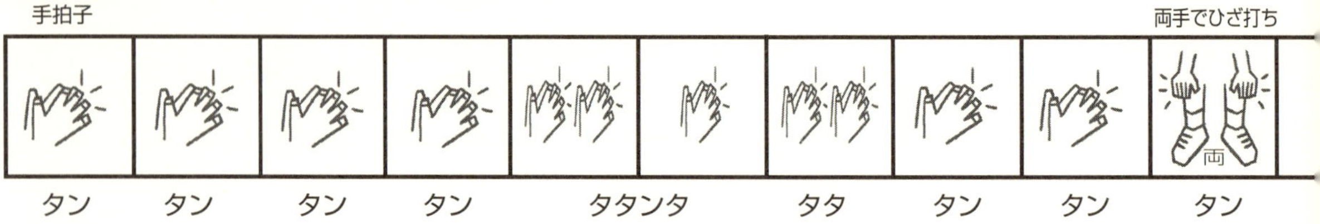

手拍子　　　　　　　　　　　　　　　　　　　　　　　　　　　　　　　両手でひざ打ち

🖐	🖐	🖐	🖐	🖐	🖐	🖐	🖐	🖐	両
タン	タン	タン	タン	タタンタ	タタ	タン	タン	タン

パターンB

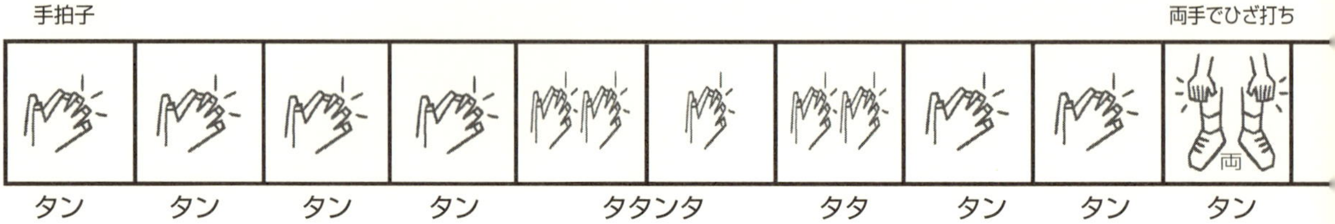

手拍子　　　　　　　　　　　　　　　　　　　　　　　　　　　　　　　両手でひざ打ち

🖐	🖐	🖐	🖐	🖐	🖐	🖐	🖐	🖐	両
タン	タン	タン	タン	タタンタ	タタ	タン	タン	タン

②3パートに分かれて、下の図のようにくり返して演奏します。

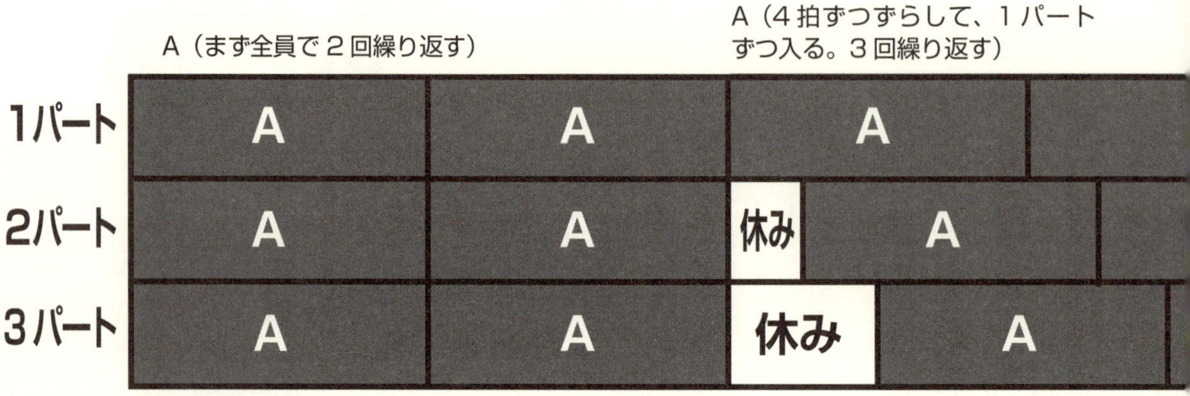

　　　　　　　A（まず全員で2回繰り返す）　　　A（4拍ずつずらして、1パートずつ入る。3回繰り返す）

1パート	A	A	A	
2パート	A	A	休み	A
3パート	A	A	休み	A

第1章　2パート、3パートからできるボディパーカッション

両手でおなか	手拍子				
タン	タン	タタンタ	タン	タン	ウン

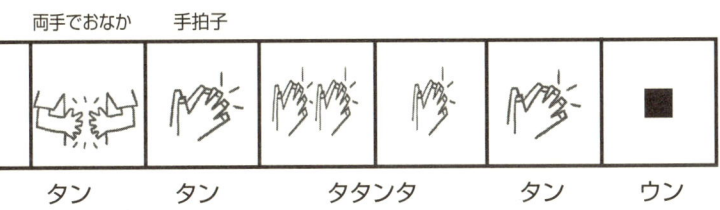

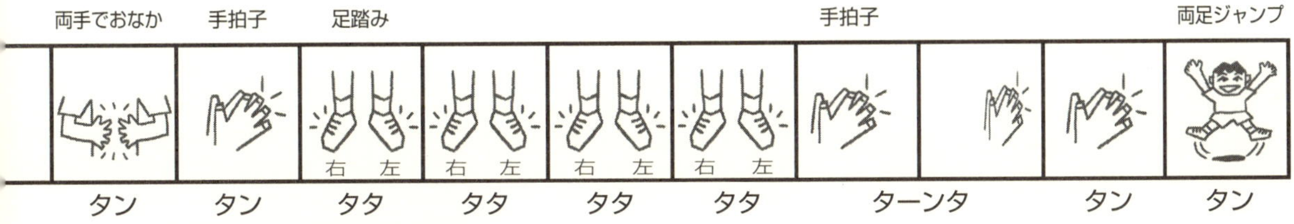

両手でおなか	手拍子	足踏み				手拍子			両足ジャンプ
タン	タン	タタ(右左)	タタ(右左)	タタ(右左)	タタ(右左)	ターンタ	タン		タン

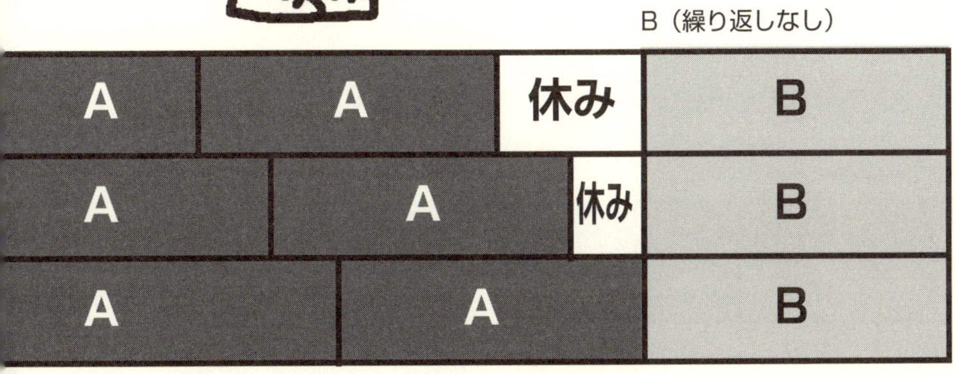

B（繰り返しなし）

A	A	休み	B
A	A	休み	B
A	A		B

◆みんなでグー・チョキ・パー　　山田俊之　作曲

①演奏者は、「グー」「チョキ」「パー」の3パートに分かれます。
　まずは、各パートのリズムを覚えましょう。
　※（ウン）は発音しません。

グー「グー」のパートのリズム	✊	■	✊	■	✊	✊	✊	■
	グー	（ウン）	グー	（ウン）	グー	グー	グー	（ウン）

チョキ「チョキ」のパートのリズム	■	✌	■	✌	■	✌	✌	■
	（ウン）	チョキ	（ウン）	チョキ	（ウン）	チョキ	チョキ	（ウン）

パー「パー」のパートのリズム	🖐🖐	🖐	🖐🖐	🖐	🖐	🖐	🖐	■
	パパ	パー	パパ	パー	パー	パー	パー	（ウン）

じゃんけん 全員でじゃんけんするリズム（普通のじゃんけんと同じリズムです）	😊	😊	✊	■	😊	😊	?	■
	さい	しょは	グー	（ウン）	じゃん	けん	ポン	（ウン）

かけ声 後半に入る前の合図（一人で言う）	1	■	2	■	1	2	3	4
	ワン	（ウン）	トゥー	（ウン）	ワン	トゥー	スリー	フォー

②パターンを覚えたら、パターンを組み合わせて繰り返し、つなげて演奏してみましょう！

スタート！→

グーのパート	✊	✊	✊	✊	✊	✊	
チョキのパート	休み	休み	✌	✌	✌	✌	じゃんけん
パーのパート	休み	休み	休み	休み	🖐	🖐	

第1章 2パート、3パートからできるボディパーカッション

モグラ・ストンプ

　この曲では、手拍子や足踏み、ジャンプの三つのリズムが重なり合う楽しさ、中間部やエンディングでの、みんなで一緒にリズムを合わせる一体感の両方をお楽しみください。

　この曲はかけ声を入れていませんでしたが、ここでは子どもたちが一層楽しめるよう、最後に「ヤ！」と心を合わせて声を出す部分をつけ加えました。手拍子や足踏みが苦手な子どもたちも、「ヤ！」で一緒に参加してください。

〈演奏指導について〉
●全体を3パートに分けてください。
●**パターンA**（1パートの人が打つリズム）は、ジャンプと手拍子の組み合わせです。ジャンプが難しい場合は、足踏みでもOKです。
●**パターンB**（2パートの人が打つリズム）は、手拍子と足踏みの組み合わせですが、すべて裏拍（アフタービート）から始まります。
●**パターンC**（3パートの人が打つリズム）は、手拍子とジャンプの組み合わせです。運動量が一番多いので、子どもの体力面を考慮してメンバーを配置してください。ジャンプが難しい場合は、足踏みでもOKです。
●図の通り、前半では1パート（**パターンA**）→2パート（**パターンB**）→3パート（**パターンC**）と、順番にリズムが重なっていきます。後半では、3パート（**パターンC**）→2パート（**パターンB**）→1パート（**パターンA**）の順です。それぞれリズムパターンを2回ずつ繰り返したところで、次のパートが入ってください。全員が入り終えたら、4回繰り返して盛り上がります。
●最後の「ヤ！」は、全員の声が一緒に揃うように、何度も練習してください。途中のリズムがうまく演奏できなかった子どもたちも、最後の声が揃うと、一体感を味わうことができます。

〈指導上の留意点〉
●1パートが一番やさしく、次に3パート、一番難しいのが2パートです。パート分けでは、子どもたち一人ひとりの状態に応じて配慮してください。
●2パートには、裏拍（アフタービート）のリズム感が得意そうな子どもを配置してください。
●演奏の途中でリズムがずれても、装飾音符として捉えてください。
→イラスト譜は28ページ

心合わせて手拍子タタ・タン

　この曲は、特別支援の子どもたちと健常な子どもたちが一緒に楽しめる曲です。三つの手拍子のリズムが重なり合う楽しさや、「ヤ！」「ソレ！」とみんなで一緒に心を合わせて出すかけ声を、一緒にお楽しみください。

〈演奏指導について〉

●全体を3パートに分けてください。
●1パートは、**パターンA**のリズムになります。打ちやすいリズムですが、速くならず、確実に打てるように練習してください。
●2パートは、**パターンB**のリズムになります。簡単なリズムですが、できるだけ打てるように指導してください。リズムが苦手な子どもたちも参加させてください。
●3パートは、**パターンC**のリズムになります。裏拍にリズムが入りますので、やや打ちにくいリズムです。ノリがよく、元気のよい子どもを配置してください。
●それぞれのリズムの、最後の「ヤ！」のかけ声が元気いっぱいできるように指導してください。
●**パターンD・E**は、みんなで一緒に演奏します。最後の「ソレ！」「ヤ！」のかけ声は、一層元気いっぱいになるように指導してください。
●後半（2段目）の**パターンA・B・C**の繰り返しとその後の**パターンD**では、「ヤ！」「ソレ！」のかけ声を入れませんので気をつけてください。繰り返しでは、最初はとても弱く、だんだん強くします。

〈指導上の留意点〉

●リズムが苦手な子どもたちには、1パートか2パートをすすめてください。これらのパートが気持ちよく打てると思います。
●みんなで一緒に声を出すところは、特に楽しくできるようにしてください。
→イラスト譜は30ページ

◆モグラ・ストンプ　山田俊之　作曲

①まずは、それぞれのリズムパターンを覚えましょう！　拍にのって、それぞれのパターンを演奏してみましょう。演奏者は、1パート・2パート・3パートに分かれます。

パターンA　1パートの人が演奏するリズム

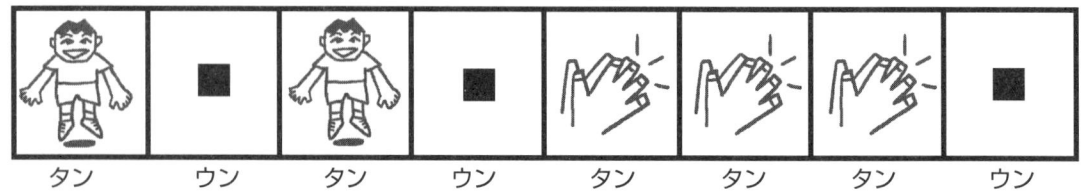

パターンC　3パートの人が演奏するリズム

パターンD　全員で演奏するリズム

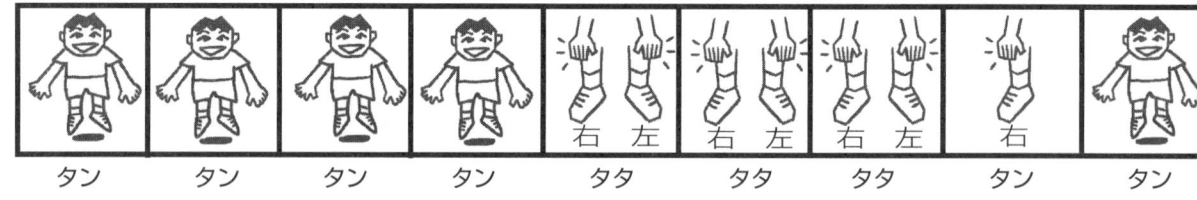

パターンE　エンディングで、全員演奏するリズム

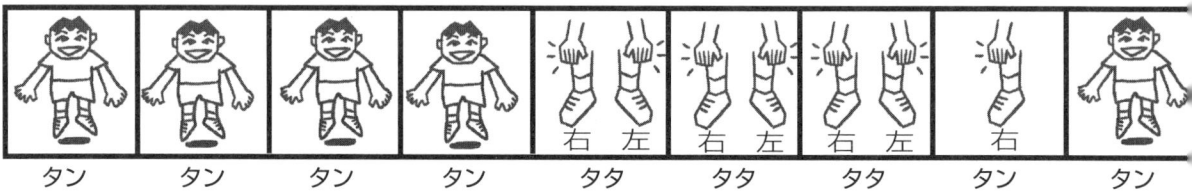

②パターンを覚えたら、パターンを組み合わせて繰り返し、つなげて演奏してみましょう！

	スタート！→								
1パート	A	A	A	A	A	A	A	A	
2パート	休み	休み	B	B	B	B	B	B	
3パート	休み	休み	休み	休み	C	C	C	C	

第1章 2パート、3パートからできるボディパーカッション

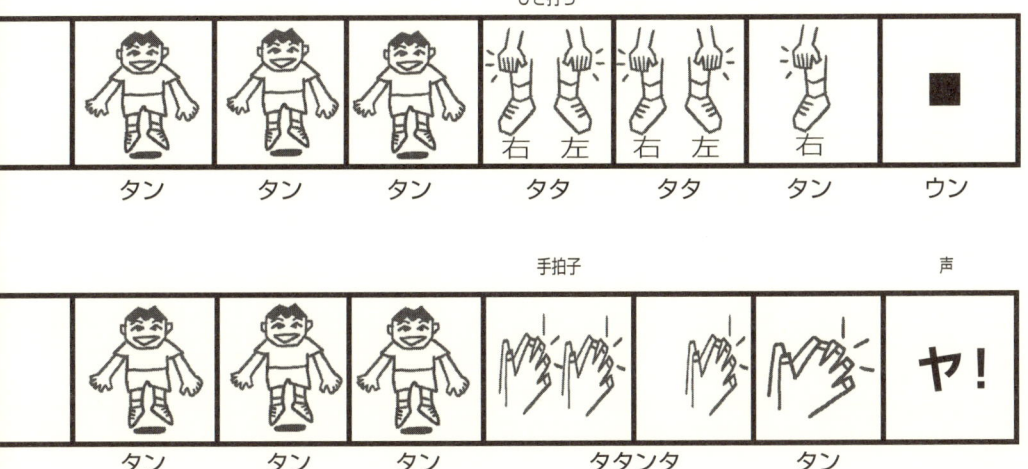

| パターンB | 2パートの人が演奏するリズム |

手拍子：ウン タン ウン タタ ウン タン ウン タタ（足踏み 右左）

ひざ打ち：タン タン タン タタ（右左）タタ（右左）タン（右）ウン

手拍子：タン タン タン タタンタ タン　声：ヤ！

D	休み	休み	休み	休み	A	A	A	A	E
D	休み	休み	B	B	B	B	B	B	E
D	C	C	C	C	C	C	C	C	E

→ おわり！

◆心合わせて手拍子タタ・タン　山田俊之　作曲

①まずは、それぞれのリズムパターンを覚えましょう！　拍にのって、それぞれのパターンを演奏してみましょう。演奏者は、1パート・2パート・3パートに分かれます。

パターンA 1パートの人が打つリズム

手拍子　　　　　　　　　　　　　　　　　　　　　　　　　　　　　　　　　　　　　　声

タタ　タン　タタ　タン　タン　タン　タン　ヤ！

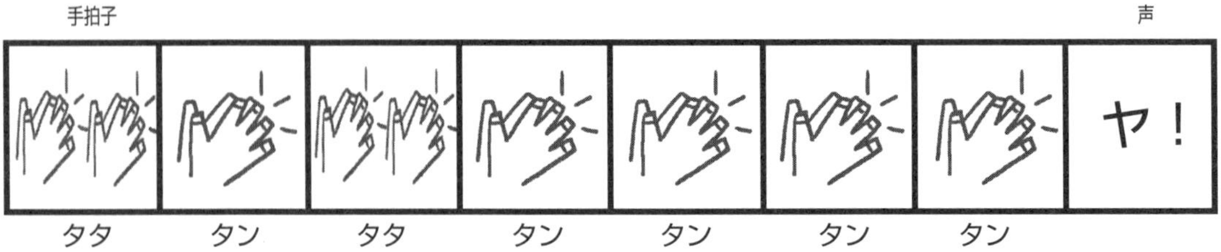

パターンC 3パートの人が打つリズム

手拍子　　　　　　　　　　　　　　　　　　　　　　　　　　　　　　　　　　　　　　声

ウン　タタ　ウン　タタ　ウン　タン　タン　ヤ！

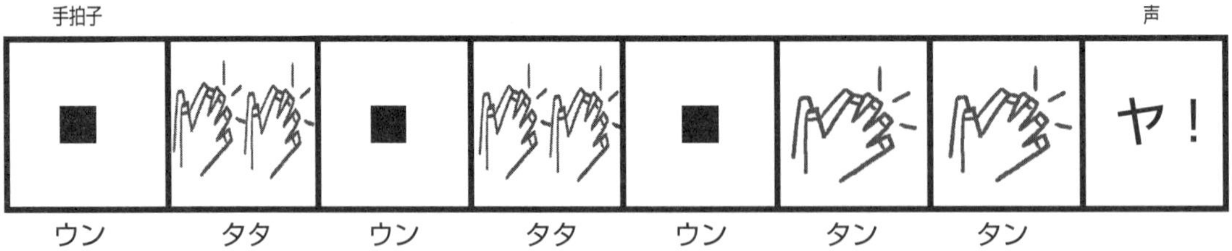

パターンD 全員で打つリズム

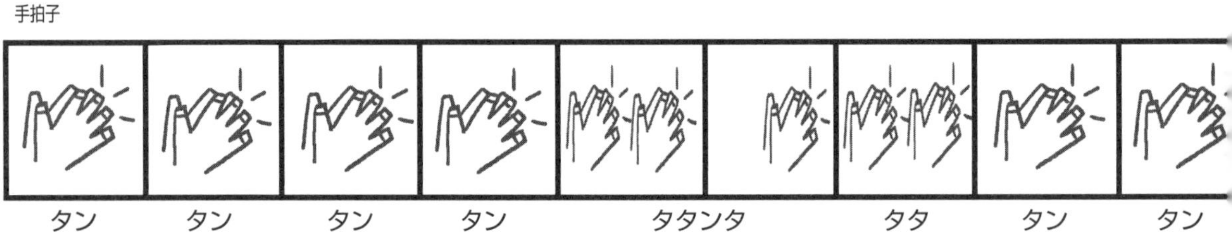

手拍子

タン　タン　タン　タン　タタンタ　タタ　タン　タン

パターンE エンディングで、全員で打つリズム

手拍子

タン　タン　タン　タン　タタンタ　タタ　タン　タタ

②パターンを覚えたら、パターンを組み合わせて繰り返し、つなげて演奏してみましょう！

	スタート！→											
1パート	A	A	A	A	A	A	A	A	A	A	A	A
2パート	休み	休み	休み	休み	B	B	B	B	B	B	B	B
3パート	休み	休み	休み	休み	休み	休み	休み	休み	休み	C	C	C

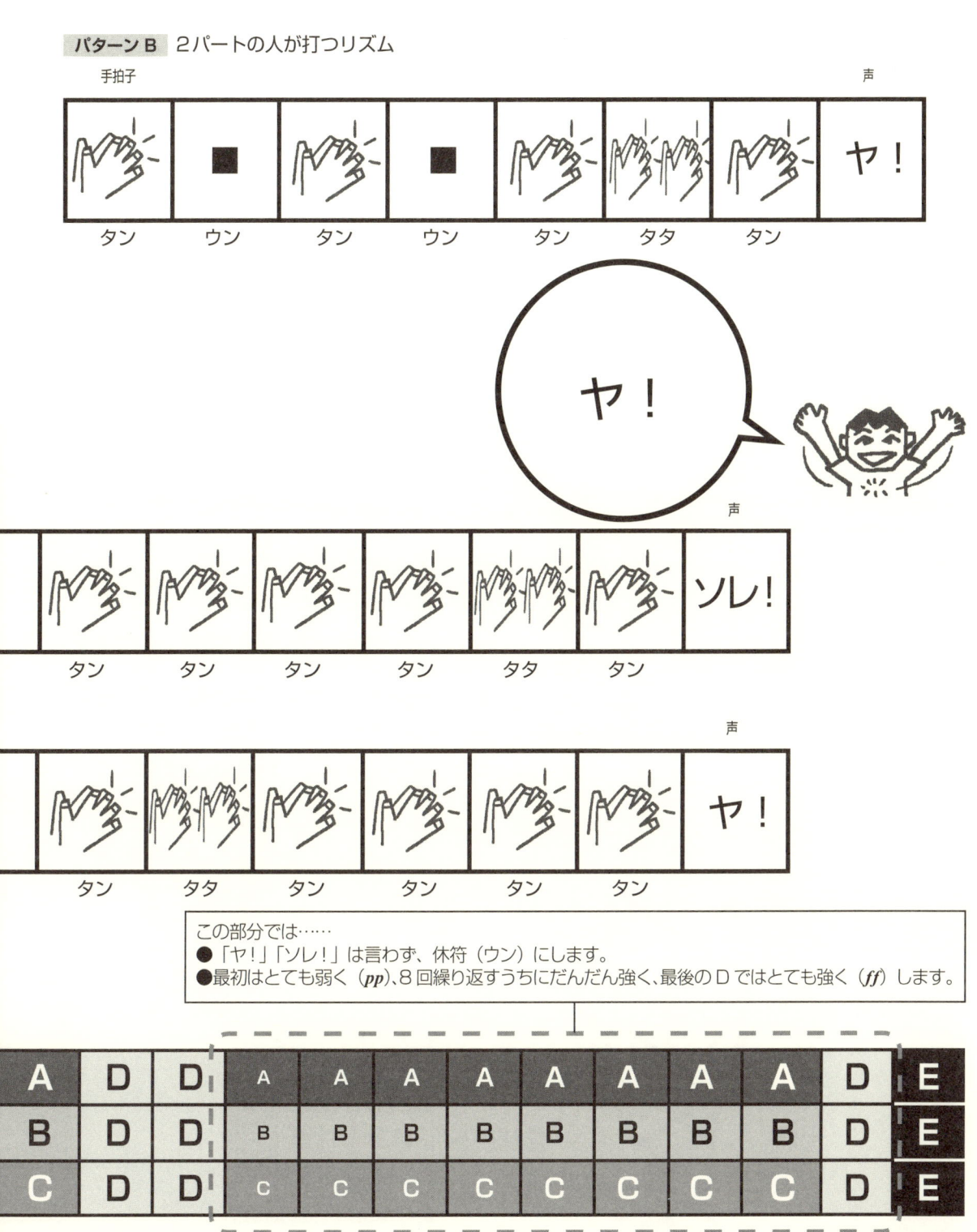

ボディパDE阿波踊り

　手拍子と足踏みのアンサンブルをご紹介します。この曲は、徳島県だけでなく全国的に有名な「阿波踊り」のボディパーカッション・バージョンです。
　跳ねるようなリズムパターン（シャッフル）が、とても心地よいリズムになります。名づけて『ボディパDE阿波踊り』です。どうぞお楽しみください。

〈演奏指導について〉
●全体を3パートに分けてください。
●リズムパターンのベース（地打ち）は、阿波踊りの特徴である「タッカ」のリズムで演奏します。
●**パターンA**では、ひざを両手で「タッカ」と連続して打ってください。
●1パート：**パターンB1**は、1拍目と3拍目をしっかり打てるようにしてください。
●**パターンB2**は、最初に8分休符があるので、「（ウ）タンタ・タッカ・タン」と休符の「ウ」を必ず入れられるようにしてください。「ウッ」と迫力を感じるようにすると、もっとリズミカルになりますね。これが軽快なリズムを生み出すポイントになります。
●2パートは足踏みの、比較的簡単なパートです。リズムが苦手な子どもたちも楽しめるでしょう。ただし、**パターンC1**は少し癖のあるリズムですので、慣れるまで気をつけてください。
●3パート：**パターンD1**は、手拍子で跳ねるようなリズムを打ちます。楽しそうに打つことを心がけてください。
●**パターンD2**は、1拍目と3拍目が休符になりますので、やや難しいリズムです。
●**パターンE**は、エンディングのリズムですので、しっかり打てるように練習してください。
●各パターンの練習が終わりましたら、1パート、2パート、3パートに分かれて演奏してみましょう。

〈指導上の留意点〉
●この曲は、リズムに正確に合わせることよりも、阿波踊りの特徴的なリズムである「タッカ」にのって演奏し、楽しそうな雰囲気をつくってください。
●リズムが苦手な子どもは、気持ちよく打って楽しむことを最優先に考え、楽しく活動できる範囲で指導をお願いします。

スタート！→

1パート	A	A	A	A	A	A
2パート	休み	休み	C1	C1	C1	C1
3パート	A	A	A	A	D1	D1

◆ボディパ DE 阿波踊り　山田俊之　作曲

①まずは、それぞれのリズムパターンを覚えましょう！　拍にのって、それぞれのパターンを演奏してみましょう。演奏者は、1パート・2パート・3パートに分かれます。

パターン A　阿波踊りのベースのリズム
★阿波踊りらしい、「タッカ」のリズム（♪）を刻みます。

ひざ打ち

右	左	右	左	右	左	右	左
タッカ	タッカ	タッカ	タッカ	タッカ	タッカ	タッカ	タッカ

パターン B1　1パートの人が演奏するリズム①
手拍子
タン　ウン　タン　ウン　タタンタ　タン　ウン

パターン B2　1パートの人が演奏するリズム②
手拍子
ウタンタ　タッカ　タン　ウタンタ　タッカ　ウン

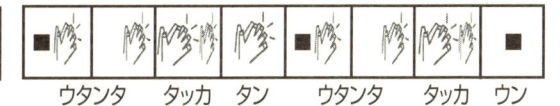

パターン C1　2パートの人が演奏するリズム①
足踏み
ドン　ウン　ドン　ウン　ドン　ドン　ウン　ウン

パターン C2　2パートの人が演奏するリズム②
足踏み
ドン　ウン　ドン　ウン　ドン　ドン　ドン　ウン

パターン D1　3パートの人が演奏するリズム①
手拍子
タタンタ　タン　ウン　タタンタ　タン　ウン

パターン D2　3パートの人が演奏するリズム②
手拍子
ウン　タン　ウン　タン　タタンタ　タン　ウン

パターン E　最後に全員で演奏するリズム

足踏み　　手拍子　　足踏み　　手拍子　　声＋ポーズ
ドン　ウン　ドン　ウン　タタンタ　タッカ　タン　ドン　ウン　ドン　ウン　タタンタ　タン　ヤ！

②パターンを覚えたら、組み合わせて繰り返し、つなげて演奏してみましょう！

A	A	B1	B1	A	A	休み	休み	B2	B2	B2	B2	E
C1	C1	A	A	C2	C2	A	A	A	A	C1	C1	E
D1	D1	D2	D2	A	A	休み	休み	A	A	A	A	E

→ おわり！

みんなのおしゃべり

　手拍子のアンサンブルをご紹介したいと思います。名付けて『みんなのおしゃべり』です。この曲は、ボディパーカッションの代表曲である『手拍子の花束』を楽しくにぎやかにした曲です。

　手拍子がやや複雑なパターンで入り交じり、みんなが楽しいおしゃべりをしているようなイメージで作りました。どうぞお楽しみください。

〈演奏指導について〉
●全体を3パートに分けてください。
●1パートは**パターンA**のリズムになります。比較的打ちやすいリズムですが、基本のリズムですので確実に打てるように練習してください。
●2パートは**パターンB**のリズムになります。裏拍のリズムが多いので、少し難しくなります。うまく打てない子どももいますので、そのときは、1パートか3パートにしてあげてください。
●3パートは**パターンC**のリズムになります。打ちやすいリズムですので、元気のよい子どもを配置してください。
●**パターンD**は、全員で演奏します。少し難しいリズムですが、間違いを気にせず、全員で楽しみながら練習してください。

〈指導上の留意点〉
●この曲はタイトルである『みんなのおしゃべり』のように、ピタッと合うのではなく、みんながそれぞれに好きなおしゃべりをしている、何となく楽しそうな雰囲気をつくってください。
●リズムが苦手な子どもには、1パートか3パートをすすめてください。このパートが気持ちよく打てると思います。
●演奏の途中で、手拍子のリズムがずれてもあまり気にしないでください。少しのずれは装飾音符として捉えてください。→イラスト譜は36ページ

手拍子の花束

　この曲は、昭和63年（1988年）2月に作った曲で、ボディパーカッションの入門曲です。子どもたちがグループで手拍子を打っている姿が花束のように見えたので、そこから曲名をつけました。

　曲の最後（エンディング）には、大きな「手拍子の花束」を作ってください。楽しくやさしい曲なので、特別支援の子どもたちも一緒に楽しめる曲です。この曲は平成24年度文部科学省編集特別支援教育用中学部用音楽科教科書（知的障害）に採用されました。

〈練習の方法〉
- 全体を3パートに分けてください。
- **パターンA**は、この曲の基本のリズムになります。手拍子が安定したテンポで打てるように指導してください。
- **パターンB**は、前半が裏打ち（アフタービート）のタイミングになりますので、十分練習を行ってください。
- **パターンC**は、一番打ちやすいリズムですので、速くならないように指導してください。指導の方法として、「花が咲いているように手を広げて、できるだけ大きな動作で打つようにしましょう」と声をかけるとよいでしょう。
- **パターンD**は、全員一緒に演奏します。おなかを両手で打つのと、ひざを片手で左右交互に打つ「ひざ打ち」との組み合わせです。リズムが苦手な子どもたちにとって、ひざ打ちの部分は少し難しいかもしれませんが、楽しく練習してください。
- エンディングの最後にジャンプがあります。「ヤァッ！」の部分はかけ声と同時に、元気いっぱい飛び上がってください。

〈指導上の留意点〉
- **パターンB**の裏打ち（アフタービート）は、リズムが苦手な子どもたちにとって、少し難しいかもしれません。
- **パターンD**のひざ打ちの部分で、両手で交互にうまく打てない子どもには、おなかを打つときと同じように、両手で同時に4分音符を打たせてください。
- 子どもたちのパート分けは、障害の種別や身体能力の軽重を考慮して行ってください。私の経験からしますと、難易度は難しい順に3パート、1パート、2パートの順になります。
- ボディパーカッション曲『手拍子の花束』は難易度によってバージョン1～14まであり、今回ご紹介するのはバージョン1です。

→イラスト譜は38ページ

◆みんなのおしゃべり　山田俊之　作曲

①まずは、それぞれのリズムパターンを覚えましょう！　拍にのって、それぞれのパターンを演奏してみましょう。演奏者は、1パート・2パート・3パートに分かれます。

パターン A 1パートの人が打つリズム

手拍子

| タン | タン | タン | タン | ターンタ | タン | ウン |

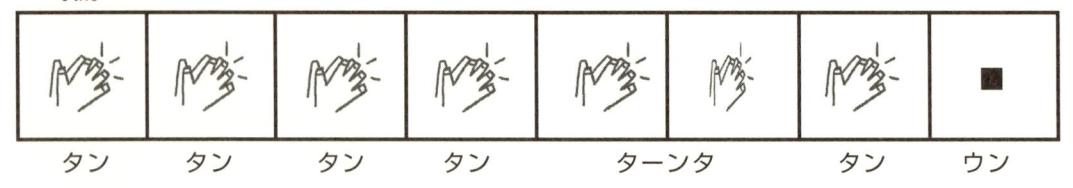

パターン B 2パートの人が打つリズム

手拍子

| ウン | タン | ウン | タン | ウン | タン | ウタ | ウタ |

パターン C 3パートの人が打つリズム

手拍子

| タタンタ | タタンタ | タン | タン | タン | ウン |

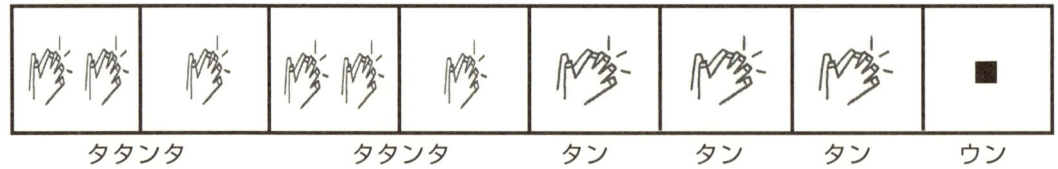

パターン D 全員で打つリズム

手拍子

| タン | タタ | ウタ | タタ | ウタ | タン | タン | ウン |

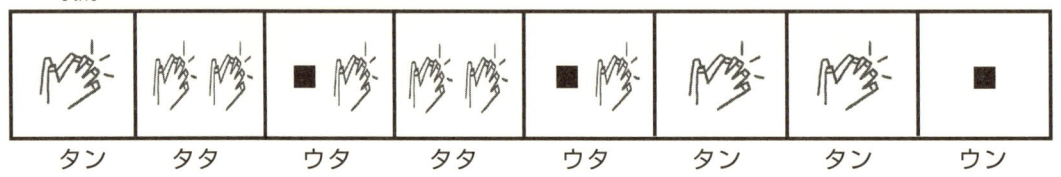

②パターンを覚えたら、パターンを組み合わせて繰り返し、つなげて演奏してみましょう！

スタート！→

1パート	A	A	A	A	A	A	A	A	A	A	A	A	D
2パート	休み	休み	休み	休み	B	B	B	B	B	B	B	B	D
3パート	休み	休み	休み	休み	休み	休み	休み	休み	C	C	C	C	D

第1章 2パート、3パートからできるボディパーカッション

D	休み	休み	休み	休み	休み	休み	休み	休み	A	A	A	A	D
D	休み	休み	休み	休み	B	B	B	B	B	B	B	B	D
D	C	C	C	C	C	C	C	C	C	C	C	C	D

→ おわり！

◆手拍子の花束　山田俊之　作曲

①まずは、それぞれのリズムパターンを覚えましょう！　拍にのって、それぞれのパターンを演奏してみましょう。演奏者は、1パート・2パート・3パートに分かれます。

パターンA
1パートの人が打つリズム

手拍子		手拍子		手拍子	手拍子	手拍子	
タン	ウン	タン	ウン	タン	タン	タン	ウン

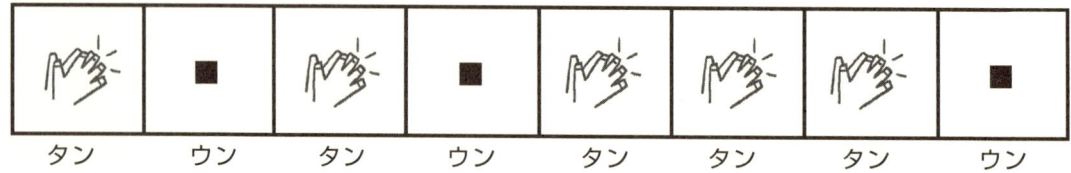

パターンC
3パートの人が打つリズム

手拍子	手拍子	手拍子	手拍子	手拍子	手拍子	手拍子	
タタ	タン	タタ	タン	タン	タン	タン	ウン

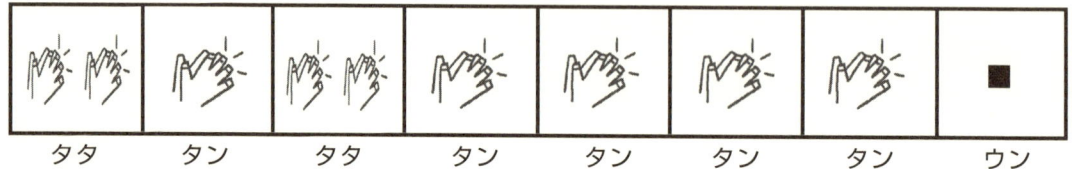

エンディング
全員で最後に打つリズム

ジャンプをして座り込む		ポーズ	
タン	ウン	ヤアッ！	ウン

②パターンを覚えたら、パターンを組み合わせて繰り返し、つなげて演奏してみましょう！

	スタート！→													
1パート	A	A	A	A	A	A	A	A	A	A	A	A	D	D
2パート	休み	休み	休み	休み	B	B	B	B	B	B	B	B	D	D
3パート	休み	休み	休み	休み	休み	休み	休み	休み	C	C	C	C	D	D

第1章 2パート、3パートからできるボディパーカッション

パターンB
2パートの人が打つリズム

手拍子

■	👏	■	👏	■	👏	👏	■
ウン	タン	ウン	タン	ウン	タン	タン	ウン

パターンD
全員で打つリズム

おなか　　　　　　　　　　　　　　　　　　ひざ

タン	タン	タン	タン	タ タ 右 左	タ タ 右 左	タ タ 右 左	タン 右

休み	休み	休み	休み	休み	休み	休み	休み	A	A	A	A	D	D	エンディング
休み	休み	休み	休み	B	B	B	B	B	B	B	B	D	D	エンディング
C	C	C	C	C	C	C	C	C	C	C	C	D	D	エンディング

→ おわり！

少人数で距離が縮まる

音程がない合唱があってもいいじゃないか！ ボイス・アンサンブルを楽しもう

　「声を出すのは好き！　でも音程が気になって……」という子どもはいませんか？

　合唱は、歌うことでお互いコミュニケーションがとれたり、一体感を感じたり、団結力を育んだり、とても魅力的な音楽活動です。しかし、本格的な合唱となると、音程はもちろん、声の大きさや発声（音色）、ブレス（息つぎ）を揃えることまで考えるため、歌が苦手な子どもたちにとってかなりハードルが高いものです。

　特に低学年では子どもたちの多くが、声を元気いっぱい出して音楽を楽しみたい！という気持ちを持っています。しかし、音程や音色が重視される合唱になると、そのような気持ちをなかなか表現できないのではと感じていました。

　そこで考えたのが、ボイス・アンサンブルです。「もっと気楽に合唱を楽しもう！」という考えのもと、短い言葉を組み合わせ、リズム・アンサンブルによって声を合わせる楽しさを味わうことができる活動をしました。

　ボイス・アンサンブルの一番のよさは、音程を気にせず、元気いっぱい声を出して楽しめる！ということです。そして、私のように合唱指導が苦手でも簡単に取り組むことができます。

　ご紹介する動画の演奏（下記URL参照）は、「日本初ザ・ボディパーカッションコンサート」（1993年11月）の様子です。当時、私が担任していた福岡県久留米市立篠山小学校6年1組の子どもたちです。歌が苦手な子どももいましたが、元気いっぱい声を出して演奏してくれました（読者の中にはまだ生まれてなかった方も？）。

　このボイス・アンサンブルであれば、音程を気にすることなく思う存分声を元気に出して、楽しむことができます。そしてさらに、でき上がった演奏は不思議と一体感が感じられる、立派な曲になります。

　本書でご紹介しているボイス・アンサンブル曲『ピーチク・パーチク・ポンポコリン』『みんなでグー・チョキ・パー』『ケチャ風お茶づけ』『アフリカン・ボイス』等の曲に特別支援の子どもたちと一緒に取り組んで、合唱の楽しさを味わってみてください。

※動画でご紹介している『学校大好き』という曲は、小学校の教科である「国語」「算数」「理科」「社会」「音楽」という言葉をベースに、学校生活に関連した言葉を取り入れて作曲しています。合唱のイメージが180度変わったのではないでしょうか。

「日本初ザ・ボディパーカッションコンサート」より
ボイス・アンサンブル曲『学校大好き』
https://www.youtube.com/watch?v=nQy2F4RjNu8&feature=youtu.be

第2章 4パート、5パートでひろがるボディパーカッション

アフリカン・ボイス

　この曲は、タイトルからもわかるように、アフリカのリズムをヒントに作った曲です。元になった曲は、南アフリカの太鼓グループ「アズマ」（1996年）と共演して、大変好評だった曲です。みなさんも、アフリカンリズムを言葉（ボイス）とボディパーカッションで体感してください。

〈演奏指導について〉

ボイス・アンサンブル編（基本編）

　リズムにのって言葉を重ねる、「ボイス・アンサンブル」の曲です。
- 全体を4パートに分けてください。
- 図のように、各パートは2小節（8拍）遅れで演奏に入ります。
- 1パートの「タンタカ」は歯切れよく言ってください。
- 2パートの「ウッカンウカカン」はやや高い声で言うようにしてください。
- 3パートの「パタパタ」は元気よく言ってください。
- 4パートの「ボンボボンボン」はやや低めの音で、ベースのように言ってください。
- Eは高めの声で、Fは低めの声で、手拍子は元気よく合わせるようにしてください。
- Gのエンディングは「ドドドド……」のところを低い声で言って、「ヤッ！」と元気いっぱいジャンプを決めてください。

ボディパーカッション＆ボイス・アンサンブル編（応用編）

　基本編と同じリズムを、ボディパーカッションに置き換えて演奏します。
　1パートはひざ打ち、2パートは手拍子です。3パートはボイスで「パタパタ」と元気よく言ってください（基本編と同じです）。4パートは足踏みです。

〈指導上の留意点〉

- 応用編では足踏みが難しいので、リズムが苦手な子どもの場合は、できる範囲で実情に合わせて行ってください。
- 高い声や低い声は、意識的に出させてください。そのほうがアフリカの雰囲気を楽しめます。
- エンディングのところは、みんなで一緒に行います。そのとき、子どもが間違えても気にしないように指導してください。
- エンディングの「ヤッ！」は、元気いっぱいの指導をお願いします。

	スタート！→					
1パート	A	A	A	A	A	A
2パート	休み	B	B	B	B	B
3パート	休み	休み	C	C	C	C
4パート	休み	休み	休み	D	D	D

◆アフリカン・ボイス　山田俊之　作曲

●基本編：ボイス・アンサンブル
①演奏者は、1・2・3・4の4パートに分かれます。カタカナで書いてあるとおり唱え、声でリズムアンサンブルをします。まずは、各パートのリズムを覚えましょう。
※（ウン）は発音しません。

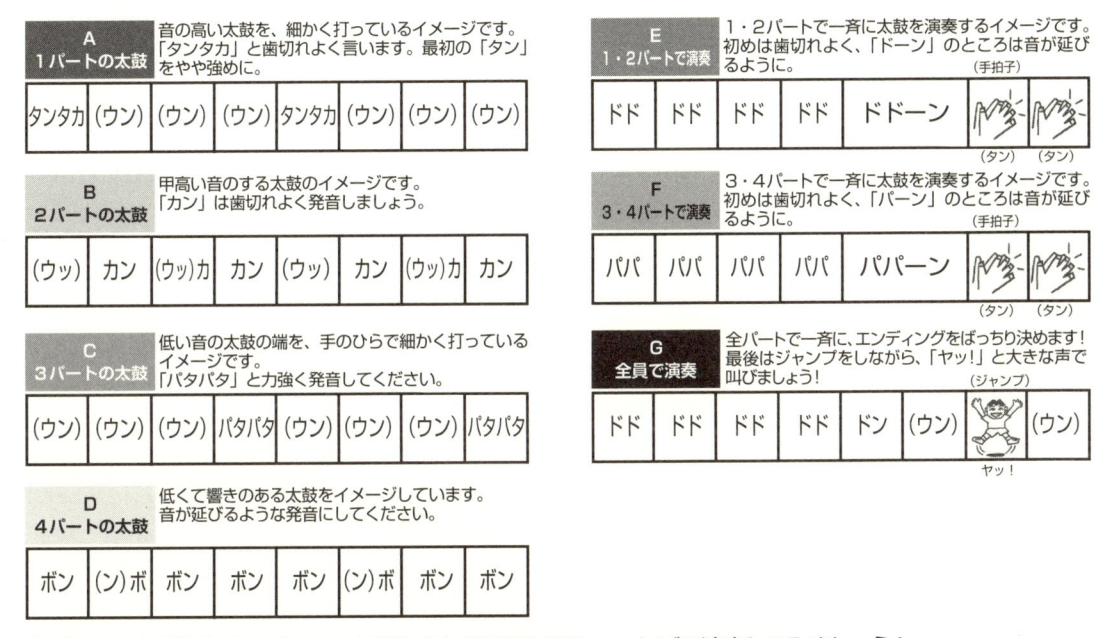

A　1パートの太鼓　音の高い太鼓を、細かく打っているイメージです。「タンタカ」と歯切れよく言います。最初の「タン」をやや強めに。

タンタカ	（ウン）	（ウン）	（ウン）	タンタカ	（ウン）	（ウン）	（ウン）

B　2パートの太鼓　甲高い音のする太鼓のイメージです。「カン」は歯切れよく発音しましょう。

（ウッ）	カン	（ウッ）カ	カン	（ウッ）	カン	（ウッ）カ	カン

C　3パートの太鼓　低い音の太鼓の端を、手のひらで細かく打っているイメージです。「パタパタ」と力強く発音してください。

（ウン）	（ウン）	（ウン）	パタパタ	（ウン）	（ウン）	（ウン）	パタパタ

D　4パートの太鼓　低くて響きのある太鼓をイメージしています。音が延びるような発音にしてください。

ボン	(ン)ボ	ボン	ボン	ボン	(ン)ボ	ボン	ボン

E　1・2パートで演奏　1・2パートで一斉に太鼓を演奏するイメージです。初めは歯切れよく、「ドーン」のところは音が延びるように。（手拍子）

ドド	ドド	ドド	ドド	ドドーン		（タン）	（タン）

F　3・4パートで演奏　3・4パートで一斉に太鼓を演奏するイメージです。初めは歯切れよく、「パーン」のところは音が延びるように。（手拍子）

パパ	パパ	パパ	パパ	パパーン		（タン）	（タン）

G　全員で演奏　全パートで一斉に、エンディングをばっちり決めます！最後はジャンプをしながら、「ヤッ！」と大きな声で叫びましょう！（ジャンプ）

ドド	ドド	ドド	ドド	ドン	（ウン）	ヤッ！	（ウン）

②パターンを覚えたら、パターンを組み合わせて繰り返し、つなげて演奏してみましょう！

A	A	休み	休み	A	A	A	A	休み	休み	
B	B	E	E	B	B	B	B	E	E	G
C	C	休み	F	F	C	C	C	C	休み	F
D	D	休み	休み	D	D	D	D	休み	休み	

→おわり！

●応用編：ボディパーカッション＆ボイス・アンサンブル
基本編と同じリズムを、ボディパーカッションとボイスで演奏します。ひざ打ち・手拍子・足ぶみの時は、声は使いません。

A（1パート）：ひざ打ち
少し前かがみになり、ひざ（太もも）を片手ずつで打ちます。
「タンタカ　右左」

B（2パート）：手拍子
手拍子で演奏します。
「ウンタンウタタン」

C（3パート）：ボイス
基本編と同じです。元気よく言ってください。
「パタパタ!!」

D（4パート）：足踏み
足踏みで演奏します。左右の足を交互に使います。
「タンタタンタン　右　左右左」

E（1・2パート）：足踏み→手拍子
「タタタタタタタターン　右左左右左右左　左」「タンタン」

F（3・4パート）：ひざ打ち→手拍子
「タタタタタタタターン　右左左右左右左　左」「タンタン」

G（全員）：足踏み→ジャンプ
「タタタタタタタタタンウン　右左左右左右左右」「ヤッ！」

コスミック・ドラム

　この曲は、ドラムセットをたたいているようなイメージで、四つのパートが各8拍（2小節）のリズムパターンを打ち、アンサンブルをつくります。特に、パターンの最後の2拍では、全員が同じリズムを手拍子で行いますので、一体感を感じられると思います。

　以前私が勤めていた学校でも、6年生が「カッコイイ!!」と楽しく取り組んでくれました。皆さんもどうぞ一度チャレンジしてみてください。

〈演奏指導について〉

- 全体を4パートに分けてください。各パート、最後の2拍は同じリズムですので、それが全員で合うように練習してください。
- 1パートからスタートし、2・3・4パートと順番に16拍（8拍×2）遅れで演奏に入ります。
- パターンAは1パートのリズムです。「右手」だけ「両手」で交互にひざ打ちします。
- パターンB（2パート）は、アフタービート（裏拍）を中心にした手拍子です。アフタービートのリズムが得意な子どもを配置してください（もちろん特別支援が必要な子どももOKです）。
- パターンC（3パート）は、手拍子と足踏みのコンビネーションです。足踏みがやや難しいので、うまく打てそうな子にさせてください。
- パターンD（4パート）は、胸のあたり・おなか・ひざ・すねを順番に両手で打っていきます。
- パターンEでは、全員一緒のおなか、ひざ、足踏みのリズムです。ここが合うように練習してください。
- エンディングのポーズは特にありませんが、最後に「ヤッ！」とかけ声を入れてみるのもアイデアです。
- リズムが苦手な子どもには、片手で打つリズムも両手で打たせるようにしてください。楽しく活動できる範囲で指導をお願いします。

→イラスト譜は46ページ

エピソード

教科書掲載曲『花火』で参加！「欽ちゃん＆香取慎吾の全日本仮装大賞」

　「欽ちゃん＆香取慎吾の全日本仮装大賞」(日本テレビ) 出演のきっかけは、発達障害の子どもをもつお父さんからの誘いでした。

　平成17年度小学校3年生音楽科の教科書(教育出版)に、ボディパーカッション曲『花火』が掲載されました。当時、毎週土曜日に子どもたちのボディパーカッション・サークルを行っており、保護者の方々と「教科書掲載記念に、何かできたらいいですね」と雑談していると、その中にいたお父さんが「『仮装大賞』で募集していましたよ」と教えていただきました。

　「仮装大賞」応募の話を教えてくれたお父さんの子どもは、小学校の特別支援学級に通う児童でした。その父親は「いつも家で練習しています。サークルの練習をとても楽しみにしています」と言ってくださいました。そして、そのお父さんから「予選があるので、応募したらどうですか？よい記念になりますよ」とすすめられ、応募してみることにしました。

　予選では、約20名の子どもたちが『花火』を演奏しました。結果は、なんと「合格」！　本選出場！です。本選に出場したグループおよび個人は25組、予選応募総数は5500組だったそうです。そんな中、選ばれたことにとてもびっくりしました。

　本番に向けて衣装や演出も考え、精いっぱい取り組みました。結果は、予想もしなかった20点満点中19点という高得点をいただきました。「ファンタジー賞」も受賞し、大変よい思い出になりました。

　「仮装大賞」に出演し、子どもたちにとって素晴らしい思い出をつくることができました。きっかけは教科書掲載記念でしたが、さらに嬉しかったのは、一緒に引率をしてくださった、そのお父さんが心から喜んでくれたことでした。

　読者の皆さんも、ボディパーカッション活動を通して「みんなで取り組む楽しさ (所属感)、大勢の前で発表できた充実感や達成感 (自己効力感)」を子どもたちに感得させていただきたいと思います。

「欽ちゃん＆香取慎吾の全日本仮装大賞」出演時の『花火』の演奏
https://www.youtube.com/watch?v=4zuEwySMBTI&feature=youtu.be
平成17年度小学校3年生音楽科教科書掲載曲(教育出版)『花火』の演奏
https://www.youtube.com/watch?v=HLE8bFI-tJc&feature=youtu.be

第2章 4パート、5パートで広がるボディパーカッション

ボディパ「ロック」

　手拍子・ひざ打ち・足踏みを使ったアンサンブルをご紹介します。名付けて『ボディパ「ロック」』です。
　この曲は、『コスミック・ドラム』と同じイメージで、ボディパーカッションでドラムセットを再現します。本来、ドラムセットは一人で演奏するものです。両手両足を四つのパートに分けて、グループ演奏ができるように作りました。
　ボディパーカッション導入曲として、気軽に取り組んでください。

〈演奏指導について〉
●全体を4パートに分けてください。
●1パート（**パターンA**）はひざ打ちのパートです。ドラムセットでいえば、右手のライド・シンバルになります。8分音符が続く、比較的打ちやすいリズムですが、最後の「ウタタン」が両手で確実に打てるように練習してください。
●2パート（**パターンB**）は手拍子のパートです。ドラムセットで言えば、左手のスネアドラムになります。裏拍のリズムになりますので、1パートをしっかり聞きながらリズムを合わせてください。
●3パート（**パターンC**）は、両足交互に足踏みをしていきます。ドラムセットでいえばバスドラムのリズムになります。歩くような感じでしっかり足踏みをしてください。元気のよい子どもを配置してください。
●4パート（**パターンD**）は、足踏みのパートですが、やや細かいリズムを刻みます。ドラムセットでいえばハイハット・シンバルになります。3パートよりも軽やかにリズムを打ってください。
●4パートが入ってから、好きな回数繰り返しますが、私の場合は、4パートが入ってから4回以上繰り返しています。
●**エンディング**は手拍子・足踏み・ひざ打ち・「ヤ！」（声）の組み合わせで、全員一緒に演奏してください。

〈指導上の留意点〉
●エンディングの「ヤ！」の時は、両手を広げてジャンプするタイミングを合わせてください。特別支援の子どもたちにとっては、みんなと一緒に同じタイミングで声を出すことが大変重要になります。
●1パートのリズムに、他の2・3・4パートが合わせるように指示してください。
●リズムが苦手な子どもには、1パートか3パートをすすめてください。これらのパートが気持ちよく演奏できると思います。
●演奏の途中で、手拍子・ひざ打ち・足踏みのリズムがずれてもあまり気にしないでください。少しのずれは装飾音符として捉えてください。
→イラスト譜は48ページ

◆コスミック・ドラム 山田俊之 作曲

①まずは、それぞれのリズムパターンを覚えましょう！ 拍にのって、それぞれのパターンを演奏してみましょう。演奏者は、1パート・2パート・3パート・4パートに分かれます。

パターンA　1パートの人が演奏するリズム

ひざ打ち　　　　　　　　　　　　　　　　　　　　　　　　　手拍子

右	両	右	両	右	両	■ ＋ 手	手
タン	タン	タン	タン	タン	タン	ウタ	タ

パターンB　2パートの人が演奏するリズム

手拍子

■	手	■	手手	■	手	■＋手	手
ウン	タン	ウン	タタ	ウン	タン	ウタ	タン

パターンC　3パートの人が演奏するリズム

足踏み　手拍子

右	右＋手	左	手	右	手	右＋手	手
ドン	タド	ドン	タン	ドン	タン	ドタ	タン

②パターンを覚えたら、パターンを組み合わせて繰り返し、つなげて演奏してみましょう！

	スタート！→										
1パート	A	A	A	A	A	A	A	A	A	A	E
2パート	休み	休み	B	B	B	B	B	B	B	B	E
3パート	休み	休み	休み	休み	C	C	C	C	C	C	E
4パート	休み	休み	休み	休み	休み	休み	D	D	D	D	E

第2章 4パート、5パートで広がるボディパーカッション

パターンD 4パートの人が演奏するリズム

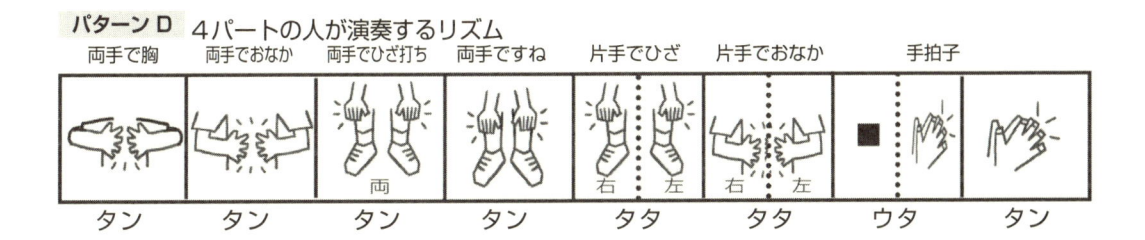

両手で胸	両手でおなか	両手でひざ打ち	両手ですね	片手でひざ	片手でおなか		手拍子
タン	タン	タン（両）	タン	タタ（右左）	タタ（右左）	ウタ	タン

パターンE 全員で演奏するリズム

両手でおなか		両手でひざ打ち		足踏み		手拍子	
タタ	タン	タタ（両両）	タン（両）	タタ（右左）	タタ（右左）	ウタ	タン

E	休み	休み	休み	休み	休み	休み	A	A	A	A	E	E
E	休み	休み	休み	休み	B	B	B	B	B	B	E	E
E	休み	休み	C	C	C	C	C	C	C	C	E	E
E	D	D	D	D	D	D	D	D	D	D	E	E

→ おわり！

47

◆ボディパ「ロック」 山田俊之 作曲

基本編

①まずは、それぞれのリズムパターンを覚えましょう！ 拍にのって、それぞれのパターンを演奏してみましょう。
　演奏者は、1パート・2パート・3パート・4パートに分かれます。

パターンA 1パートの人が演奏するリズム

ひざ打ち（左右を交互に打つ）　　　　　　　　　　　　　　両手でひざ打ち

右	左	右	左	右	左	右	左	両	両

タタ　タタ　タタ　タタ　タタ　タタ　ウタ　タン

パターンB 2パートの人が演奏するリズム

手拍子

ウン　タン　ウン　タン　ウン　タン　ウタ　タン

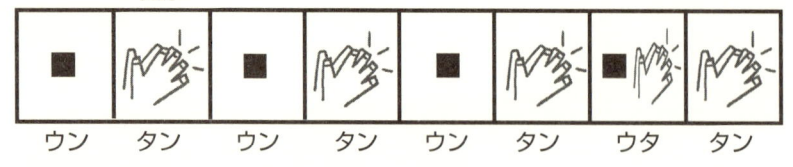

パターンC 3パートの人が演奏するリズム

足踏み

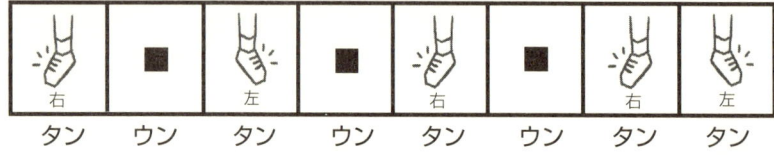

右　　　左　　　右　　　右　左
タン　ウン　タン　ウン　タン　ウン　タン　タン

パターンD 4パートの人が演奏するリズム

足踏み

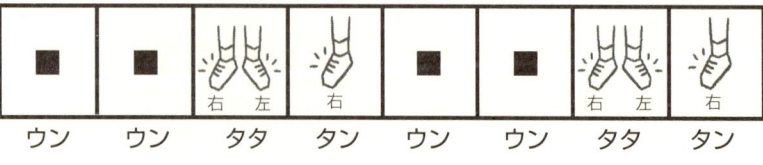

　　　　　右　左　右　　　　　　右　左　右
ウン　ウン　タタ　タン　ウン　ウン　タタ　タン

②パターンを覚えたら、パターンを組み合わせて繰り返し、つなげて演奏してみましょう！
　4パートまで入り、全パートが揃ったら、好きな回数だけ繰り返します。
　最後は、リーダーが「ワン・トゥー・スリー・フォー」とリズムに合わせて言い、その後さらに2回繰り返して終わります。

スタート！ →

1パート	A	A	A
2パート	休み	休み	B
3パート	休み	休み	休み
4パート	休み	休み	休み

スタート！ →　　　　　　　　　　　　　　　好きな回数繰り返す

1パート	A	A	A	A	A	A	A	A	A	A	A
2パート	休み	休み	B	B	B	B	B	B	B	B	B
3パート	休み	休み	休み	休み	C	C	C	C	C	C	C
4パート	休み	休み	休み	休み	休み	休み	休み	D	D	D	D

ワン・トゥー・スリー・フォー　　　→ おわり！

第2章 4パート、5パートで広がるボディパーカッション

応用編

全パートが揃ってから何回繰り返すか、あらかじめ決めてから演奏を始めます。最後は全員で同じ「エンディング」のリズムを演奏します。

エンディング エンディングで、全員演奏するリズム

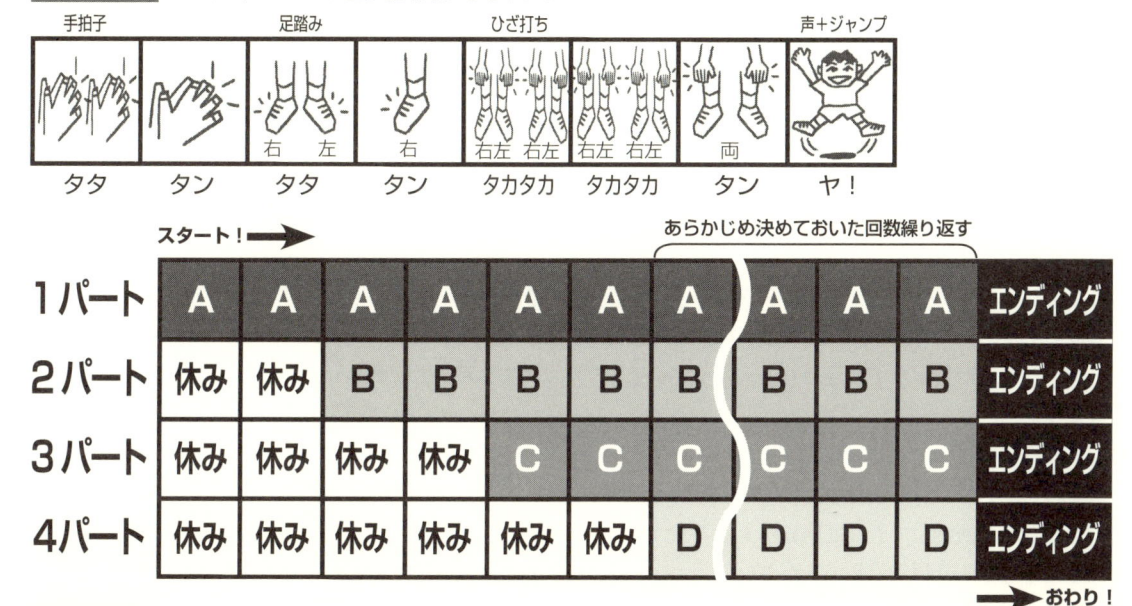

手拍子		足踏み		ひざ打ち			声+ジャンプ
タタ	タン	タタ 右 左	タン 右	タカタカ 右左 右左	タカタカ 右左 右左	タン 両	ヤ！

スタート！→　　　　　　　　　　　あらかじめ決めておいた回数繰り返す

1パート	A	A	A	A	A	A	A	A	A	A	エンディング
2パート	休み	休み	B	B	B	B	B	B	B	B	エンディング
3パート	休み	休み	休み	休み	C	C	C	C	C	C	エンディング
4パート	休み	休み	休み	休み	休み	休み	D	D	D	D	エンディング

→おわり！

発表編

作品として発表する場合は、下記のように繰り返すと華やかになります。

※最後の「ヤ！」は言わない　　　　　　　　　　　　　　　　　　　　　　　　　　　※最後の「ヤ！」も入れて、ばっちり決める！

A	A	A	A	A	エンディング	休み	休み	休み	休み	休み	A	A	エンディング
B	B	B	B	B	エンディング	休み	休み	休み	休み	B	B	B	エンディング
休み	C	C	C	C	エンディング	休み	休み	C	C	C	C	C	エンディング
休み	休み	休み	D	D	エンディング	D	D	D	D	D	D	D	エンディング

→おわり！

ドラムセットを思いうかべて演奏しよう

ライド・シンバル　　ハイハット・シンバル

バスドラム　　スネアドラム

スター・ウォーク／スター・ジョグ／スター・ラン

　この曲は、カノン形式で楽しむ曲です。足踏みが随所に入りますので、大変躍動的な曲になります。

●『スター・ウォーク』
　4小節遅れのカノン形式です。特別支援の子どもたちも安心してアンサンブルができます。ゆっくりした感じで、リズムが苦手な子どもたちが入りやすい曲になります。
●『スター・ジョグ』
　2小節遅れのカノン形式です。『スター・ウォーク』と同じテンポで演奏しても速度感覚が上がります。速くなりすぎないように指導してください。
●『スター・ラン』
　1小節遅れのカノン形式です。各パートが瞬時に入ってくる感じになりますので、大変スピード感のある曲になります。速くなりすぎないように指導してください。

〈練習の方法〉
●全体を5パートに分けてください。
●全パートが同じリズムパターンになりますので、全員一緒に練習が可能です。
●演奏の流れは、
　パターンAのリズム4回
　　↓
　パターンBのリズム4回
　　↓
　パターンCのリズム3回
　となります。各パートでリーダーを決めて練習をすると、大変効率的です。
●ある程度演奏できるようになったら、リーダーがモデルになって模範演奏をしてみてください。全体の演奏がよく理解できます。

〈指導上の留意点〉
●低学年やリズムが苦手な子どもの場合は、足踏みが難しいので、最初は全部手拍子で演奏したほうがスムーズにできると思います。
●**パターンC**はできるだけ全員が揃って、力強く打たせてください。
→イラスト譜は52ページ

ケチャ風お茶づけ

　声のリズム合唱、『ケチャ風お茶づけ』をご紹介します。

　歌が苦手な子どもたちや、歌や合唱にあまり興味を示さない元気な男の子たちに、ぜひ試していただきたいと思います。

　この曲は、ボディパーカッションが生まれるきっかけとなった『手拍子の花束』と同じ時期に作曲しました。のちには私の著書のタイトルにもなった、大変思い出深い曲です。

　当時、元気な声を出すことはできるけれど、歌を歌うことが苦手な男の子がいました。そこで、試しにインドネシアのバリ島で行われる男声合唱「ケチャ」からヒントを得て「ケチャ風」の曲を作ってみようと思い立ち、「ケチャ」に似ている「お茶」という言葉を使ってできたのがこの曲です。日頃、音楽が苦手な男子が何人もノリノリで参加していたのが印象的でした。

〈演奏指導について〉

　リズムにのって言葉を重ねる、「ボイスアンサンブル」の曲です。
- 全体を5パートに分けてください。
- 図のように、各パートは2小節（8拍）遅れでスタートします。
- 1パートの「おなかがグググー」は基本のリズムであり、この曲の基本テーマになりますので、はっきり発音してください。また「グググー」のはじめの「ググ」を、歯切れよく発声するように指導してください。
- 2パートの「おチャおチャおチャづけ」は、裏拍の「チャ」にアクセントをつけ、破裂音のように歯切れよく声を出すように指導してください。
- 3パートの「シュシュシュシュふりかけ」は、前半の「シュシュシュシュ」で息切れになる子どももいますので、息継ぎは自由にさせてください。
- 4パートの「つけものコリコリ」は、「コリコリ」の部分を楽しそうに、ちょっとコミカルに強調してください。
- 5パートの「パラパラパラパラ（ウン）のり」では、「パラパラパラパラ」の部分をやや高音で発声させてください。後半の「（ウン）のり」は、（ウン）の休みに気をつけて、「のり」をやや低めの声で発声させてください。

〈指導上の留意点〉

- テンポ（速さ）の設定は自由ですので、低学年やリズムが苦手な子どもがいる場合は、実情に合わせて行ってください。
- 高い声や低い声の部分は意識的に出すようにさせてください。そのほうがアンサンブルとしてケチャの雰囲気が楽しめます。
- エンディングでは、すべてのパートのカタカナ部分を組み合わせています。言いにくい部分ですが、ある程度タイミングが合うように練習してください。
- 最初のうちは、先生が指で繰り返しの回数を示してあげると、より演奏しやすくなります。

→イラスト譜は54ページ

◆スター・ウォーク／スター・ジョグ／スター・ラン　山田俊之　作曲

①まずは、パターンを覚えましょう！
「キラキラ〜」のところでは、**手拍子を打ってから**、星が光っているように手のひらを頭上で細かく振ってください。

パターンA　4回繰り返す
（座って演奏）

手拍子	ひざ打ち	手拍子	ひざ打ち	手拍子		キラキラ〜	ひざ打ち	手拍子	ひざ打ち	手拍子			キラキラ〜
タン	タタ	タン	タタ	タン	タン	ターン	タタ	タン	タタ	タン	タン	タン	ターン

パターンB　4回繰り返す
（立って演奏）

手拍子	ひざ打ち	手拍子	ひざ打ち	足踏み				ひざ打ち	手拍子	ひざ打ち	手拍子	足踏み	キラキラ〜
タン	タタ	タン	タタ	タン	タン	タン	ウン	タタ	タン	タタ	タン	タン	ターン

パターンC　3回繰り返す
1回目・2回目は *pp*　3回目は *f*

手拍子				ひざ打ち				手拍子				足踏み	キラキラ〜
タン	タン	タン	タン	タタ	タタ	タン	ウン	タン	タン	タタ	タン	タタ	ターン

52

第2章 4パート、5パートで広がるボディパーカッション

②5パートに分かれて、入り方を確認しましょう！ カノン形式で、1パートから順に少しずつずれて入ります。
『スター・ウォーク』『スター・ジョグ』『スター・ラン』では、入るタイミングが異なります。

『スター・ウォーク』
4小節ずつ遅れて入ります。

スタート！→
A(4回繰り返す)　　B(4回繰り返す)　　……全部のパートがBを演奏し終わったら　　C(3回繰り返す)

1パート	A	A	A	A	B	B	B	B	休み	休み	休み	休み	C	C	C
2パート	休み	A	A	A	A	B	B	B	B	休み	休み	休み	C	C	C
3パート	休み	休み	A	A	A	A	B	B	B	B	休み	休み	C	C	C
4パート	休み	休み	休み	A	A	A	A	B	B	B	B	休み	C	C	C
5パート	休み	休み	休み	休み	A	A	A	A	B	B	B	B	C	C	C

→おわり！

『スター・ジョグ』
2小節ずつ遅れて入ります。1パートが「タンタタタンタタ・タンタンターン」と演奏したら、2パートが「タンタタタンタタ……」と入っていくタイミングです。

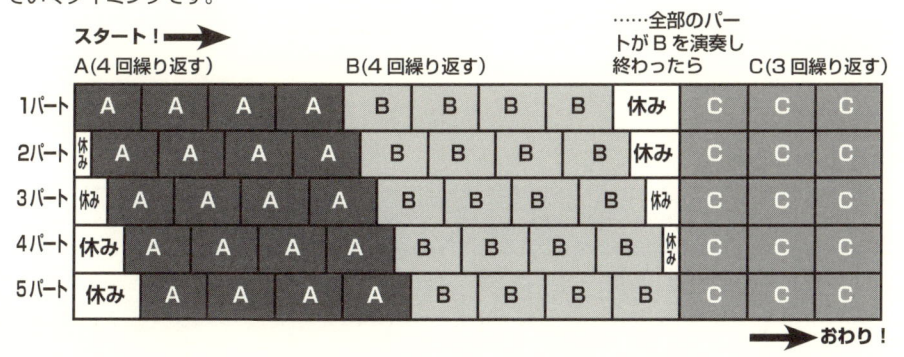

スタート！→
A(4回繰り返す)　　B(4回繰り返す)　　……全部のパートがBを演奏し終わったら　　C(3回繰り返す)

1パート	A	A	A	A	B	B	B	B	休み	C	C	C
2パート	休み	A	A	A	A	B	B	B	B	休み	C	C	C
3パート	休み	A	A	A	A	B	B	B	B	休み	C	C	C
4パート	休み	A	A	A	A	B	B	B	B	休み	C	C	C
5パート	休み	A	A	A	A	B	B	B	B	C	C	C

→おわり！

『スター・ラン』
1小節ずつ遅れて入ります。1パートが「タンタタタンタタ」と演奏したら、2パートが「タンタタタンタタ」と入っていくタイミングです。

スタート！→
A(4回繰り返す)　　B(4回繰り返す)　　……全部のパートがBを演奏し終わったら　　C(3回繰り返す)

1パート	A	A	A	A	B	B	B	B	休み	C	C	C
2パート	休み	A	A	A	A	B	B	B	B	休み	C	C	C
3パート	休み	A	A	A	A	B	B	B	B	休み	C	C	C
4パート	休み	A	A	A	A	B	B	B	B	休み	C	C	C
5パート	休み	A	A	A	A	B	B	B	B	C	C	C

→おわり！

③うまくできるようになるまで練習して、みんなの前で発表しましょう！

◆ケチャ風お茶づけ 山田俊之 作曲

①演奏者は、1・2・3・4・5の5パートに分かれます。カタカナで書いてあるとおり唱え、声でリズム・アンサンブルをします。
　まずは、各パートのリズムを覚えましょう。※（ウン）は発音しません。

A：おなかがグー（主に1パート、中間部では全員）

おな	かが	ググ	グー	おな	かが	ググ	グー

B：お茶づけ（主に2パート、中間部では全員）

おチャ	おチャ	おチャ	づけ	おチャ	おチャ	おチャ	づけ

C：ふりかけ（3パート）

シュシュ	シュシュ	ふり	かけ	シュシュ	シュシュ	ふり	かけ

D：つけもの（4パート）

つけ	もの	コリコリ	（ウン）	つけ	もの	コリコリ	（ウン）

E：のり（5パート）

パラパラ	パラパラ	（ウン）	のり	パラパラ	パラパラ	（ウン）	のり

F：エンディング（全員）

シュシュ	シュシュ	ググ	グー	おチャ	おチャ	コリコリ	パラパラ

②パターンを覚えたら、パターンを組み合わせて繰り返し、つなげて演奏してみましょう！

スタート！→

1パート	A	A	A	A	A	A	A	A	A	B	A
2パート	休み	B	B	B	B	B	B	B	A	B	A
3パート	休み	休み	C	C	C	C	C	C	A	B	A
4パート	休み	休み	休み	D	D	D	D	D	A	B	A
5パート	休み	休み	休み	休み	E	E	E	E	A	B	A

第2章 4パート、5パートで広がるボディパーカッション

B	A	A	A	A	
B	B	B	B	B	
B	C	C	C	C	F
B	D	D	D	D	
B	E	E	E	E	

→ おわり！

55

◆花火　山田俊之　作曲

①まずは、パターンを覚えましょう！　リズムはずっと同じで、打ち方や強弱、姿勢が変わっていきます。

スタート！➡
A（4回繰り返す）

1パート	A
2パート	休み
3パート	休み
4パート	休み
5パート	休み

パターンA　4回繰り返す
（座って演奏）

mp — *mf* — *f*

手拍子　　　　　　　　　　　　　　　ひざ打ち　　　　　　手を打って、両手を上げる

タン　タン　タン　タン　ターン　ターン　タタ　タタ　タタ　タン　ターーン　ウン
（右左　右左　右左　右）

パターンB　4回繰り返す
（立って演奏）

mp — *mf* — *f*

手拍子　　　　　　　　　　　　　　　足踏み　　　　　　「パーン！」と言いながら、手を打って、両手を上げる

タン　タン　タン　タン　ターン　ターン　タタ　タタ　タタ　タン　ターーン　ウン
（右左　右左　右左　右）「パーン！」

パターンC　2回繰り返す
（腰を落とし、小さな円形にまとまるように移動する）

pp

手拍子　　　　　　　　　　　　　　　足踏み　　　　　　手を打って、両手を上げる

タン　タン　タン　タン　ターン　ターン　タタ　タタ　タタ　タン　ターーン　ウン
（右左　右左　右左　右）

パターンD　（繰り返しなし）
（中腰のまま）

f — *ff*

手拍子　　　　　　　　　　　　　　　足踏み　　　　　　「パーン！」と言いながら、立ち上がり、手を打って、両手を上げる

タン　タン　タン　タン　ターン　ターン　タタ　タタ　タタ　タン　ターーン　ウン
（右左　右左　右左　右）「パーン！」

② 5パートに分かれて、入り方を確認しましょう！ カノン形式で、1パートから順に少しずつずれて入ります。ここでは、簡単な「ビギナーズ・コース」と、ちょっと難しい「バージョン1」を紹介します。

【かんたん】 ビギナーズ・コース
4小節ずつ遅れて入ります。

			B(4回繰り返す)			……全部のパートがBを演奏し終わったら				C(2回繰り返す)		D(繰り返しなし)
A	A	A	B	B	B	休み	休み	休み	休み	C	C	D
A	A	A	A	B	B	B	休み	休み	休み	C	C	D
休み	A	A	A	A	B	B	B	休み	休み	C	C	D
休み	休み	A	A	A	A	B	B	B	休み	C	C	D
休み	休み	休み	A	A	A	A	B	B	B	C	C	D

→ おわり！

【むずかしい】 バージョン1
1小節ずつ遅れて入ります。1パートが「タンタンタンタン」と演奏したら、2パートが「タンタンタンタン」と入っていくタイミングです。

スタート！→

	A(4回繰り返す)				B(4回繰り返す)				……全部のパートがBを演奏し終わったら	C(2回繰り返す)		D(繰り返しなし)
1パート	A	A	A	A	B	B	B	B	休み	C	C	D
2パート	休み	A	A	A	A	B	B	B	B	休み	C	C	D
3パート	休み	A	A	A	A	B	B	B	B	休み	C	C	D
4パート	休み	A	A	A	A	B	B	B	B	休み	C	C	D
5パート	休み	A	A	A	A	B	B	B	B	C	C	D

→ おわり！

③ 並び方と動きを覚えましょう！

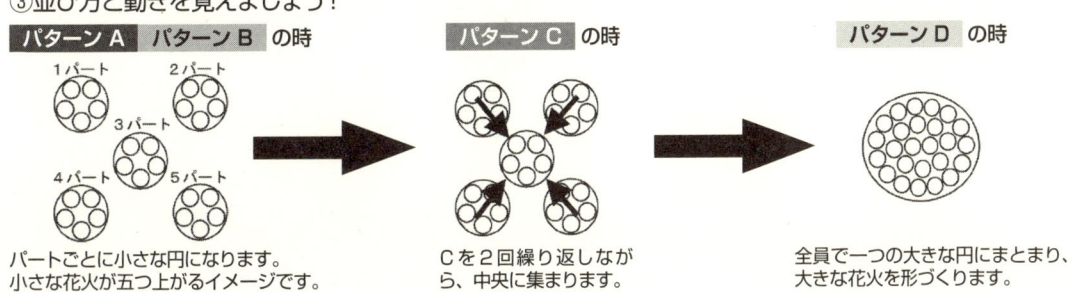

パターンA　パターンB の時
パートごとに小さな円になります。
小さな花火が五つ上がるイメージです。

パターンC の時
Cを2回繰り返しながら、中央に集まります。

パターンD の時
全員で一つの大きな円にまとまり、大きな花火を形づくります。

④ 練習をして、発表しましょう！ この曲は簡単なのにとても見応えがあるので、いろいろな機会に発表するといいですね。

花火

　この曲は、平成17年度小学校3年の音楽科教科書（教育出版）に掲載されました。
　全員が同じリズムパターン（4小節）で演奏できる、とても簡単で楽しい曲です。「ビギナーズ・コース」と「バージョン1」ともにお楽しみください。

〈練習の方法〉

　全体を5パートに分けてください。全員同じリズムを演奏しますので、各パターンを全パート一緒に練習してください。
● **パターンA** は、座った姿勢で手拍子とひざ打ちの演奏です。
● **パターンB** は、立って手拍子と足踏みの演奏です。
● **パターンC** は全員一緒に演奏しますが、腰を落として手拍子とひざ打ちをします。全員が中心に向かって集まりながら演奏します。
● **パターンD** は、最後に全員で大きな花火を打ち上げるシーンですので、できるだけ大きな動作で、最後のかけ声も大きくお願いします。

〈指導上の留意点〉

● この曲は「かんたん」なビギナーズ・コースと「むずかしい」バージョン1の2例があります。バージョン1は、ビギナーズ・コースを演奏した後に、発展バージョンとして行ってください。また、子どもたちの実情（学習理解、練習時間、身体能力等）に合わせて選択してください。
● 演奏の途中で、手拍子のリズムがずれてもあまり気にしないでください。少しのずれは装飾音符として捉えてください。
→イラスト譜は56ページ

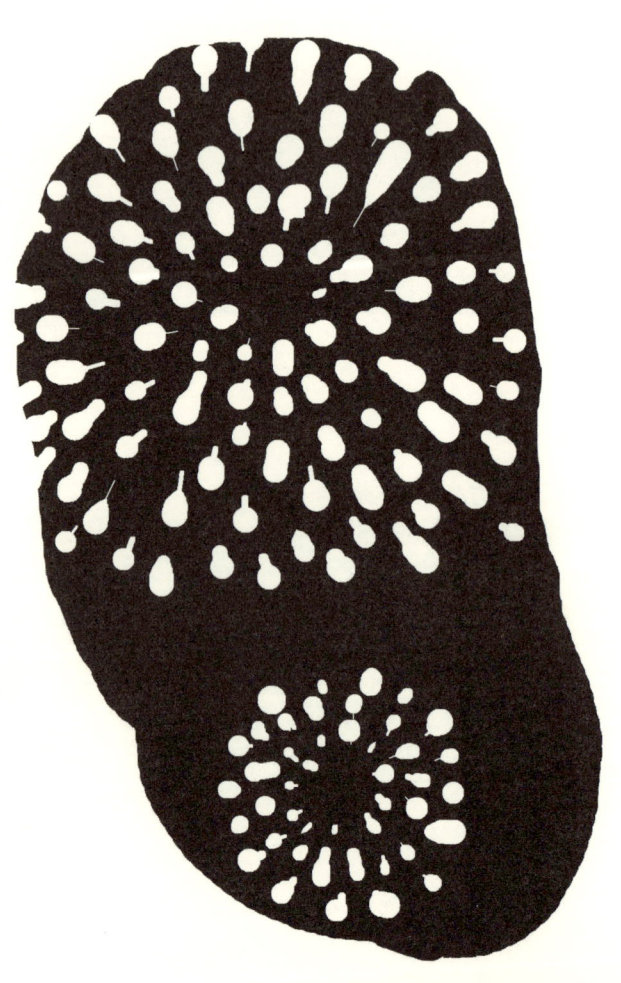

大勢でやる楽しさ、みんなでひとつに

5万人のボディパーカッション

2002年10月、広島市(広島ビッグアーチ)で「2002スポーツレクリエーション全国大会IN広島開会式」(主催：文部科学省)"5万人のボディパーカッション「手拍子の花束」"を行い、子どもから大人まで一体となってボディパーカッションを楽しみました。ずれる音があってもみんなで楽しむことができる「ボディパーカッション」、その秘密をご紹介しましょう。

ボディパーカッションの研修会でよく質問を受ける内容は、「手拍子の音がずれたらどうなりますか？」「手拍子だけで本当に楽しめるのですか？」「特別支援の子どもたちはうまく手拍子が合わないのですが、どのように指導したらいいですか？」などです。一般的な音楽指導では、合唱や合奏の場合、たった一つの音の音程やリズムがずれることで、アンサンブルが台無しになってしまうことがあります。しかし、ボディパーカッションの場合、そんな心配はまったくいらないのです。なぜなら、ボディパーカッションは、とっても単純な四つのリズムパターンを組み合わせるだけの簡単な曲だからです。この単純なリズムが「音がずれても音楽のレベルが上がる」秘密なのです。

つまり、ずれている音を「装飾音符」と考えます(この場合、ずれていない音が多いというのが前提になります)。パーカッション(打楽器)奏法の一つにフラム(装飾)打ちという奏法があります。音がずれることで、「カッコイイおしゃれな音楽」に大変身してしまうのです。

5万人で合奏を行えば、必ず音がずれてしまいます。しかし、その音が心地よく響き、みんなと一体感を味わえるのです。

みなさんも、全校行事、特別支援学級や学校との交流行事などでぜひチャレンジしてみてください。きっと楽しい一体感のある行事になるでしょう。

※『手拍子の花束』は平成24年度文部科学省編集特別支援教育中学部音楽科教科書に採用されています。

「5万人のボディパーカッション」ニュース映像(九州朝日放送)2002年
https://www.youtube.com/watch?v=yU9e316Jd9w&feature=youtu.be

おわりに

　本書では楽譜を一切使わずに、手拍子のマークや言葉で音楽を表現しています。これによって、楽譜を読むことに苦手意識を持っていた人たちにとっては分かりやすい教材になったのではと思います。

　ボディパーカッション教育は「間違いが間違いにならない音楽」です。特別支援が必要な子どもたちは、楽譜を読みながら演奏したり、音程を正確に歌ったりすることが苦手だと思います。しかし、ボディパーカッションは、音がずれても、それを装飾音符として捉えますので、音楽的にまったく問題はありません。

　私が指導の時に心がけていたことは、子どもたちが楽しく活動している姿をすべて受け入れることです。「音を楽しむ」活動として捉えていただければと願っています。

　本書に掲載している『手拍子の花束』は、2014年に文部科学省やJHP（学校を作る会）を通して、リズム遊びや他のボディパーカッション教材とともにカンボジアの教師研修会で活用していただきました。そして、2015年5月にカンボジアの子どもたちが楽しんでいる姿を映像で見せていただきました（① http://youtu.be/YSVXS0dHWv8　② http://youtu.be/JoKQ-u9TAMo）。嬉しいことに、カンボジアの教科書にも掲載される予定です。

　現在、本書にある『花火』やボイスアンサンブル曲は、聴覚障害、発達障害、知的障害、健常な子どもたちが一緒に楽しんでいます。本書を手にした指導者の方々は、すべての子どもたちが心を一つにできる「コミュニケーション教材」として活用していただきたいと思います。子どもたちは必ず楽譜が読めなくても、楽器ができなくても、歌が苦手でも音楽が楽しめることを実感できると思います。

　ボディパーカッション教育活動を行ってきてから20数年が経ちました。しかし、教育教材としては、まだまだ新しい分野の教材だと思います。教師になって間もない先生方もキャリアのある先生方も、ぜひチャレンジしてください。きっと子どもたちが目を輝かせて参加してくれることでしょう。

　今回のBEST版ができたことは、とても感慨深いものがあります。この場をお借りして、ボディパーカッションが全国の音楽や教育関係者に広まるきっかけとなりました『ボディパーカッション入門』『楽しいボディパーカッション』1〜3巻を編集してくださった音楽之友社の岸田雅子氏には心から感謝申し上げます。また今日は楽譜を使わないという画期的な音楽教材本を企画してくださった音楽之友社、連載中に原稿をまとめてくださった小島 綾氏、刊行する際に編集を手がけてくださった安保美希氏、それを支えてくださった『教育音楽』編集長の菅井彩子氏などたくさんの方々のお力を借りて刊行することができました。心から感謝申し上げます。

　このボディパーカッション教育本が、「楽譜が読めなくても、楽器や歌が苦手でも音楽が楽しめる教材」として輝き続けることを心から祈っています。

2015年秋
山田俊之

ボディパーカッション教育の主な歩み

2011年（平成23年）
- 書籍「ボディパーカッション de クラスづくり」（明治図書）を出版。
- 平成23年度第60回読売教育賞「特別支援教育」部門で最優秀賞受賞（論文名「児童生徒のコミュニケーション能力を高めるボディパーカッション教育」）。
- 平成23年度九州社会教育主事認定講習会（主催：文部科学省、主管：九州大学）にて、「ボディパーカッション教育」の講座を行う。
- 東京都中央区立久松小学校にて「ボディパーカッション教育研究会・全国大会」を開催する。文部科学省教科調査官の津田正之氏をお迎えして、公開授業後の基調講演、シンポジウムを開催。

2012年（平成24年）
- 明治図書ホームページでWEB連載「山ちゃんの特別支援教育 de ボディパーカッション」を始める（1年間）。
- 長崎県音楽教育研究会で記念講演「音楽科で楽しむボディパーカッション教育」を行う。
- 平成24年度九州公私立大学音楽学会で「音楽科における楽しいボディパーカッション」の講演を行う。
- 特別支援教育用中学部音楽科教科書（文部科学省編集）に、作曲した『手拍子の花束』が採用される（以後10年間掲載予定）。
- 平成24年度九州社会教育主事認定講習会（主催：文部科学省、主管：九州大学）で、「ボディパーカッション教育」の講座を行う。

2013年（平成25年）
- 書籍「特別支援教育 de ボディパーカッション」（明治図書）を出版。
- 小学校、特別支援学校での取り組み実践を中心に「ボディパーカッション教育研究会 IN 東京」（於：東京・国立オリンピック記念青少年総合センター）を開催。
- 東京・銀座山野楽器本店にて、ボディパーカッション教育指導者認定講習会を定期的に開催。
- 平成25年度九州社会教育主事認定講習会（主催：文部科学省、主管：九州大学）にて、「ボディパーカッション教育」の講座を行う。
- 文部科学省教科調査官の津田正之氏を特別講師に迎え、「第18回レッツ・プレイ！ザ・ボディパーカッション"音楽科で育てる子どもの社会性"」（於：東京・銀座山野楽器本店）をテーマに開催。
- 全国レクリエーション大会福岡大会で「ボディパーカッ

ション教育講座」を行う。

2014年（平成26年）

- 月刊「特別支援教育実践情報」（明治図書）にて、連載「特別支援教育現場で活用できるボディパーカッション教材」を開始（1年間）。
- 東京都私立小学校研修会「音楽劇」の部会で「ボディパーカッション教育を取り入れた授業の取り組み」の実技講演を行う。
- 文部科学省、JHP（学校を作る会）の依頼で、カンボジア教育省へボディパーカッション教材（書籍、DVD、「ボディパーカッション入門」の英訳文）を提供。カンボジア教育省主催の教師研修会で活用される。
- 平成26年度九州社会教育主事認定講習会（主催：文部科学省、主管：九州大学）で、「ボディパーカッション教育」の講座を行う。
- 九州大学教育学部非常勤講師として教職課程「特別活動」を担当し、「望ましい人間関係づくり」をテーマに教職の授業を行う。（全学部対象）講義の中では、ボディパーカッション教育を取り入れたコミュニケーションワークを行う。

2015年（平成27年）

- 日本タッチケア研究会の全国研修会で「ボディパーカッション教育講座」を行う。
- 日本音楽教育学会九州地区例会（於：福岡教育大学）で「ボディパーカッション教育の実践」について講話と演習を行う。
- 月刊誌「授業力＆学級統率力」（明治図書）にて、「特別活動 de ボディパーカッション」（2頁）の連載を始める。
- カンボジア教育省に提供している「ボディパーカッション教育教材」が、カンボジア音楽科教科書に掲載予定の報告を受ける。
- 九州大谷短期大学幼児教育学科で非常勤講師として「音楽表現」の授業を始める。
- 藤沢市保育士研修会で幼児教育のための講座を行う。
- 「第20回レッツ・プレイ！ザ・ボディパーカッション」（於：東京・銀座山野楽器本店）を開催。

関連書籍＆ソフト紹介（音楽之友社刊）

**体がすべて楽器です！　楽しいボディパーカッション 1
リズムで遊ぼう**
山田俊之 著　　定価（本体 1,900 円＋税）　2001 年発行
「リズム遊び」「歌に合わせたリズム遊び」「ボディパーカッション・アンサンブル」の 3 章からなり、主に初心者対象の教材を紹介しながら指導法を解説。

〈準拠 DVD〉
楽しいボディパーカッション　Part 1・2・3
山田俊之 指導・解説　　定価（本体 7,600 円＋税）
2003 年発行

**体がすべて楽器です！　楽しいボディパーカッション 2
山ちゃんのリズムスクール**
山田俊之 著　　定価（本体 1,900 円＋税）
2002 年発行
著者の考案した「リズム学習プリント」を使った楽しいリズム学習の方法を提案。「リズムスクール（ビギナーコース）」「ボイスパーカッション」「ボディパーカッション・アンサンブル」の 3 章からなり、リズム学習の導入教材として活用できる。

**体がすべて楽器です！　楽しいボディパーカッション 3
リズムで発表会**
山田俊之 著　　定価（本体 1,900 円＋税）
2004 年発行
リズム学習を一段深める「山ちゃんのリズムスクール」上級編の「マスターコース」や発表会用のボディパーカッション・アンサンブル曲も盛り込まれ、ボディパーカッションに慣れてきた子どもたちも満足できる内容になっている。

**体がすべて楽器です！　ザ・ボディパーカッション
ほかほかパン屋さん**
山田俊之 著　　定価（本体 1,600 円＋税）
2007 年発行
20 年間にわたる学校教育（小学校、不登校施設、養護学校、聾学校）や社会教育指導から生まれた作品の中から、小学校低学年から高学年、特別支援が必要な子どもたちも一緒に楽しめる教材曲が集まった一冊。

**体がすべて楽器です！　ザ・ボディパーカッション
ケチャ風お茶づけ**
山田俊之 著　　定価（本体 1,900 円＋税）
2007 年発行
クラスが盛り上がるためのスモール・ステップ・アップ指導の工夫とアイデアが満載。

**体がすべて楽器です！　ザ・ボディパーカッション
B 級グルメパーティー**
山田俊之 著　　定価（本体 1,900 円＋税）
2010 年発行
英語・中国語・日本語のあいさつの曲『ハロー・ニーハオ・こんにちは』や、英語で行うリズムゲーム『リズム DE コミュニケーション』など、国際交流活動にも役立つ教材曲を掲載。

〈DVD〉
**子どものコミュニケーション能力を高める
ボディパーカッション指導法入門シリーズ**
山田俊之 指導・解説　　2009 年発行
「ボディパーカッション」の指導の意義を正しく踏まえた、指導者養成のための DVD。山田自身の指導をライブ収録。

Ⅰ　リズム遊び　リズムを打てばみんな友だち
定価（本体 2,800 円＋税）

Ⅱ　花火　基礎から発展バージョン
定価（本体 2,800 円＋税）

Ⅲ　手拍子の花束　基礎から発展バージョン
定価（本体 2,800 円＋税）

Ⅳ　楽しいボイス・アンサンブル　ほかほかパン屋さん
定価（本体 2,800 円＋税）

Ⅴ　ボディパーカッション＆ボイス・アンサンブル　リズミックボディパ…ケチャ風お茶づけ
定価（本体 2,800 円＋税）

[著者略歴]

山田俊之（やまだ・としゆき）

九州大学教育学部非常勤講師（教職課程「特別活動」担当）、福岡女学院大学人間関係学部非常勤講師、九州大谷短期大学幼児教育学科非常勤講師、NPO法人ボディパーカッション協会理事長。リズム教育実践家。

九州大学大学院人間環境学府後期博士課程満期修了（教育学修士）。1986年、小学校4年生の担任教師の時、学級活動の中で誰でも簡単にできる手拍子、ひざ打ち、おなかを叩く、声を出すなどのリズム身体表現を「ボディパーカッション」と名付け教育活動を始める。その後、ボディパーカッション教育を取り入れた実践指導を小学校、特別支援学校（聴覚・知的）で行う。また、不登校施設、精神科入院病棟で実践指導する。

2001、2004、2006年にN響第1コンサートマスター篠崎史紀氏と「NHK交響楽団トップメンバーとボディパーカッション演奏会」を企画開催し、その指揮を務める。

作曲した『花火』が平成17年度小学校3年音楽科教科書（教育出版）に、『手拍子の花束』が平成24年度特別支援教育用音楽科教科書（文部科学省編集）に掲載される。

平成21年度第44回NHK障害福祉賞最優秀賞。平成23年度第60回読売教育賞最優秀賞（特別支援教育部門）。全国で教育・福祉関係者対象の講座受講者数が3万人を超える。

[主な著書]

『ボディパーカッション入門』、『楽しいボディパーカッション1 リズムで遊ぼう』『同2 山ちゃんのリズムスクール』『同3 リズムで発表会』、『体がすべて楽器です！ザ・ボディパーカッション ほかほかパン屋さん』『同 ケチャ風お茶づけ』『同 B級グルメパーティ』（以上、音楽之友社）

[連絡先]

メール　bodypercussionedu@gmail.com

決定版！
すべての人におくるボディパーカッションBEST

2015年10月31日　第1刷発行
2021年 8月31日　第5刷発行

著者	山田俊之
発行者	堀内久美雄
発行所	株式会社音楽之友社
	〒162-8716 東京都新宿区神楽坂6-30
	電話　03（3235）2111（代）
	振替　00170-4-196250
	http://www.ongakunotomo.co.jp/
装丁・本文デザイン	橋本金夢オフィス
イラスト	橋本金夢
印刷	星野精版印刷㈱
製本	㈱ブロケード

© 2015 by Toshiyuki Yamada
Printed in Japan

本書の全部または一部の無断複写・複製・転載は、著作権法上の例外を除き禁じられています。また、本書を代行業者などの第三者に依頼してコピー、スキャンやデジタル化をすることは、個人的な利用であっても著作権法違反となります。

落丁本・乱丁本はお取替えいたします。
ISBN978-4-276-31578-5 C1073